编 委 会

主　编　张云生

副主编　吴朝娅　杨翠毓　付晓辉　徐光普

编　委（按姓氏笔画排序）

王　静　孙兴华　杨　阳　宓　芳

程　涛　谢　伟　穆江波

大学生职业素养指导

主　编　张云生

副主编　吴朝娅　杨翠毓　付晓辉　徐光普

北京交通大学出版社

·北京·

内 容 简 介

全书一共分为九章：第一章为职业素养概述，第二章为时间管理，第三章为学习力，第四章为人际沟通，第五章为团队合作，第六章为情绪管理，第七章为创新能力，第八章为职业礼仪，第九章为职业化素养提升。

全书内容充分，篇幅适当，编排合理，职业素养的理念贯穿始终，是高职学生培养与提升职业素养的教材，也可以作为职场人士提升职业素养的参考图书。

图书在版编目（CIP）数据

大学生职业素养指导 / 张云生主编. —北京：北京交通大学出版社，2021.1
ISBN 978-7-5121-4399-9

Ⅰ. ① 大… Ⅱ. ① 张… Ⅲ. ① 大学生－职业选择－高等职业教育－教材 Ⅳ. ① G647.38

中国版本图书馆 CIP 数据核字（2021）第 013463 号

大学生职业素养指导
DAXUESHENG ZHIYE SUYANG ZHIDAO

责任编辑：吴嫦娥
出版发行：北京交通大学出版社　　电话：010-51686414　　http://www.bjtup.com.cn
地　　址：北京市海淀区高梁桥斜街 44 号　　邮编：100044
印 刷 者：北京时代华都印刷有限公司
经　　销：全国新华书店
开　　本：185 mm×260 mm　　印张：13　　字数：324 千字
版 印 次：2021 年 1 月第 1 版　　2021 年 1 月第 1 次印刷
定　　价：41.00 元

本书如有质量问题，请向北京交通大学出版社质监组反映。对您的意见和批评，我们表示欢迎和感谢。
投诉电话：010-51686043，51686008；传真：010-62225406；E-mail：press@bjtu.edu.cn。

前　言

职业素养有先天形成的，如符合某一职业的体能；也有后天形成的，如专业技术、职场经验、职业道德和职业心理素质等。这些通过后天形成的适应岗位需要的素质，就是职业素养。从业者的职业素养决定了企业的未来发展，也决定了从业者自身的职涯发展。从业者是否具备职业化的意识、道德、态度及职业化的技能、知识与行为，是决定企业和从业者双方发展的关键因素。

职业素养作为大学生综合素质的重要组成部分，越来越受到用人单位的关注。日趋严峻的就业形势，也对大学生的职业素养提出了更高的要求。对于高职院校的大学生来说，良好的职业素养既是他们未来顺利适应职场的保障，也是他们获得职业生涯成功、实现职业理想的坚实基础。本书旨在帮助大学生正确理解职业素养在职业生涯发展中的作用，提出实现职业素养提升的途径，为他们毕业后能直接上岗并胜任工作，成为增强企业核心竞争力的重要人才做好准备。

教材整体设计是将职业素养贯穿于人才培养全过程。全书一共分为九章：第一章为职业素养概述，第二章为时间管理，第三章为学习力，第四章为人际沟通，第五章为团队合作，第六章为情绪管理，第七章为创新能力，第八章为职业礼仪，第九章为职业化素养提升。

在编写过程中，我们得到了很多专家、学者及兄弟院校的大力支持，参考借鉴了很多国内外优秀教材和文献，在此向相关作者、专家致以诚挚的谢意。由于时间仓促及编者水平有限，书中难免有不足之处，敬请专家、读者批评指正。

编　者

2020 年 12 月

目　　录

第一章

职业素养概述

【知识目标】

1. 掌握职业素养的含义。
2. 掌握职业素养的基本要素。
3. 掌握职业素养的培养方法。
4. 掌握职业素养的修炼方法。

【导入案例】

小王是某职业院校会计专业的学生，在校期间学习成绩优良，毕业后应聘到一家公司做出纳工作。入职后，小王工作态度认真，业务进步很快，跟同事和领导关系处理得也不错，得到了单位的一致认可。

小王的几个同事业余热衷炒股，其中一个人还靠炒股票所赚的钱买了车。于是小王在业余时间也跟着学习，开始涉入股市。然而，股票市场并不像小王想象得那样简单，他炒股后不长时间就被套牢了。小王不甘心，就找借口借了同学的钱，想通过继续炒股把钱赚回来。但借来的钱再次打了水漂。急于翻盘的小王，开始偷偷地挪用自己经手单位的资金。由于单位的财务主管对小王比较信任，有些工作流程没有严格按规章制度执行，这给小王留下了可钻的空子，也导致小王的行为很长一段时间没有被发现。等到案发时，单位蒙受了巨大的经济损失，小王也受到了严厉的法律制裁。

讨论：小王缺乏哪些基本职业素养？

第一节 职业素养及其构成

一、职业素养的定义

职业素养是个体职业行为的总和，职业素养是内涵，个体行为是外在表现。职业素养是衡量个人能否胜任所处岗位、体现个人能否适应职场的能力。

职业素养是社会劳动者对职业和职场的了解程度以及适应能力的综合体现，它表现在职业个性、职业能力、职业生涯成长等多个方面。具备良好的职业素养可以使大学生毕业后顺利地进入职业状态并取得职业生涯的成功，实现其职业理想。

二、职业素养的分类

职业素养可分成两大类：显性职业素养和隐性职业素养。

显性职业素养代表一个人的形象、资质、知识、职业行为和职业技能等方面，如文化知识、专业基础、专业技能、行为习惯等，是人们能看得见的。

这些素养可以通过各种学历证书、职业证书来证明，或者通过专业考试来验证。

隐性职业素养代表一个人的职业意识、职业道德、职业作风和职业态度等方面，是人们看不见的。

心理治疗师萨提亚将人们的个体素质比作漂浮在海上的一座冰山：水上部分的知识、技能、行为习惯仅仅代表表层的特征，不能区分绩效优劣；水下部分的观念、思维方式、态度、心理素质才是决定人的行为的关键因素，用来鉴别绩效优秀者和一般者。

职业素养也可以看成是一座冰山：浮在水面以上的部分只有1/8，是人们看得见的、显性的职业素养；而隐藏在水面以下的部分占整体的7/8，它代表个体的职业意识、职业道德、职业作风和职业态度等方面，是人们看不见的、隐性的职业素养。由此可见，职业素养的大部分是人们看不见的隐性职业素养，但正是这7/8的隐性职业素养决定、支撑着外在的显性职业素养，显性职业素养是隐性职业素养的外在表现。

因此，大学生职业素养的培养应该着眼于整座“冰山”，并以培养显性职业素养为基础，重点培养隐性职业素养。本书着重论述隐性职业素养的培养。

三、职业素养的基本要素

案例

天津某新能源企业的人力资源部门主管在一次毕业季校园专场招聘会上，面试了一名高职院校经济管理专业的应届毕业生。这个学生的专业知识能力和口头表达能力都非常优秀。部门主管在面试最后不经意地问他："如果你被公司录用，我们可能把你安排在区域经理助理的岗位，但是你的户口可能无法安排在天津，我们需要再进行争取才行，你能先到单位入职吗？"这位学生犹豫了一会儿后回答说："我要先回去和家里人商量后再给您回复。"

讨论：你认为这家公司最终是否会录用他？为什么？

职业素养是完成职业活动以及谋求职业持续发展的关键知识、能力和态度的集合。它主要包括职业道德、职业意识、职业技能 3 个方面。

（一）职业道德

职业道德是与人们的职业活动紧密相连的符合职业特点的道德准则、道德情操与道德品质的总和。它既是对从业人员在职业活动中的行为要求，同时又是特定职业对社会所承担的道德责任与义务。也就是说，职业道德是人们在履行本职工作中应该怎样或不应该怎样的问题。

职业道德有广义与狭义之分。广义的职业道德是指从业人员在职业活动中所遵守的行为规范的总和；狭义的职业道德是指人们在特定职业活动中所遵守的，具有职业特征的行为规范。它们之间是一般与特殊、共性与个性的关系。本书所探讨的职业道德主要是指广义上的职业道德。

根据 2019 年 10 月中共中央国务院印发的《新时代公民道德建设实施纲要》，职业道德主要包括爱岗敬业、诚实守信、办事公道、服务群众和奉献社会 5 个方面。

1. 爱岗敬业

爱岗就是要求人们热爱自己的工作岗位与本职工作；敬业就是要求人们以极度负责的态度对待自己的工作。爱岗和敬业是相互联系的：爱岗是敬业的前提和基础，敬业是爱岗的具体表现和情感表达。不爱岗就很难做到敬业，不敬业也很难做到真正的爱岗。

爱岗敬业就是要求每个人干一行，爱一行；钻一行，精一行。一个人只有干一行，爱一行，才能专心致志地工作。如果仅从兴趣出发，见异思迁，不但自己的聪明才干得不到充分的发挥，而且会给工作单位带来损失。

要想做到爱岗敬业就必须要做到乐业、勤业、精业、实业。

乐业，就是要喜欢自己的专业，热爱自己的本职工作，能在工作中体验到乐趣和

快乐。

勤业，就是要勤勤恳恳地做好自己的本职工作，把热爱本职工作的情感转化为自觉履行职业道德规范的实际行动。

精业，就是要使自己的业务水平不断提高，做到精益求精。

实业，就是讲究科学，实事求是，对本职工作一丝不苟，有严格的务实务本的精神。

2. 诚实守信

诚实，就是忠诚老实，不讲假话；守信，就是要信守承诺，说话算数，讲信誉，重信用，履行自己所承担的义务。诚实是守信的基础，守信是诚实的外在表现，两者是相互联系的。只有内心诚实，待人诚恳，做事才能守信用，有信誉。

诚实守信要求人们要信守诺言，诚实劳动，不说空话。信守诺言要求人们在平时为人处世、待人接物时做到言必行，行必果，做到一诺千金。在从业时要忠实地履行合同，严格按照合同条款办事。

诚实守信还包括劳动过程的实事求是，言而有信。它要求从业者严格按照每道工序的程序去做，规范劳动，文明生产，不投机取巧；同时对劳动成绩不多讲一分，对工作的失误不少讲一分，对产品的质量也不随意夸大吹嘘。

3. 办事公道

办事公道是指从业人员在处理问题时，要站在公平、公正的立场上，按照同一标准和同一原则对待当事双方，公平合理，不偏不倚，按照同一个标准判断是非，处理问题。

4. 服务群众

服务群众就是要有为人民群众服务的意愿和责任感。要时刻有群众意识，时时刻刻为群众着想，急群众所急，忧群众所忧，乐群众所乐。要心中装着群众，愿意为群众办实事，工作上主动接受群众监督。

5. 奉献社会

奉献社会就是全心全意为社会做贡献，是为人民服务精神的最高体现。奉献就是指不期待等价回报和酬劳，愿意为他人、社会、真理和正义贡献出自己的力量。个人对社会的奉献是实现人生价值的根本手段和途径，个人为他人、社会做了贡献才能赢得社会和他人的尊重。奉献社会要立足本职，做好本职工作是奉献社会的第一步，一个连本职工作都做不好的人是很难奉献社会的。

（二）职业意识

职业意识是人们对职业的认知、评价、意向、情感以及对职业所持的主要观点。职业意识既有社会共性的，也有行业或单位个性的。社会共性的职业意识是指在全社会各个行业中形成的共有的、普遍认可和遵守的意识，如敬业精神、诚信意识等。行业或单位个性的职业意识是指人们对某个行业或某个单位的具体岗位职责的基本认识和观点。

职业意识是用人单位选用人才的重要参考标准，它对个人的职业选择、职业准备和职业发展都具有重要影响，同时对一个人的生命质量的提高也会产生很大的影响。职业意识主要包括目标意识、岗位责任意识、服务意识、团结协作意识、质量意识、创新意识、公平竞争意识、法纪意识、全局意识和机遇意识等。

1. 目标意识

目标意识是指自己在职业活动中必须要有明确的目标，并采取有效的措施去实现目标、发展目标。作为一个有理想、有文化的大学生从业者，应当具有很强的职业目标意识。只有这样，职业活动才会有计划性、指向性，才能有动力把本职工作做好，职业发展才能更快、更好。

2. 岗位责任意识

岗位责任意识是指对本职工作负责，忠于职守、尽职尽责的职业素养。一个职业劳动者在工作中是否充分履行了自己的岗位职责，在完成工作时是否尽了最大努力，是衡量其有没有职业道德最起码的标准。一个人无论选择什么样的职业，无论对从事的职业是否满意，只要选定了岗位，就必须尽职尽责地做好本职工作。

3. 服务意识

服务意识是指为社会、集体、他人的利益提供支持的工作态度和信念。我们生活的社会是一个庞大的系统，各个部分、各个方面、各个单位之间相互依存，相互服务，各个行业、各个职业都是在为其他行业、其他职业提供服务。服务意识能够体现一个人或者一个单位全体人员的专业素质，它会影响个人及单位工作作风的形成与发扬。良好的服务意识有助于满足工作对象的正当需求，同时也有助于个人职业生涯的发展，也会影响到一个单位，甚至整个社会良好的工作、学习、生活环境的形成。

4. 团结协作意识

团结协作意识是指劳动者彼此之间以及协作单位之间精诚团结、友爱互助、互相帮扶、彼此支持、密切合作，达到协同做好工作，实现特定目标的职业素养。这是处理组织内部人与人之间、协作单位之间，以及部分利益和整体利益、局部利益和全局利益之间相互关系的一条道德规范。

随着生产力的不断发展，生产的社会化程度越来越高，行业与行业、组织与组织，以及组织内部各部门、各成员之间相互联系及相互依赖的程度也越来越高。一个稍微复杂的产品往往要经过几十道、几百道，甚至成千上万道工序的互相合作、密切配合才能

生产出来。任何一道工序出了问题都会影响到整个生产结果，因此，团结协作、顾全大局是生产和工作正常进行的重要保证。

5. 质量意识

质量意识是指劳动者追求工作的成果达到或超越标准要求的态度和信念。以质取胜是市场经济的道德要求，也是价值规律作用的必然结果。从业者具有了强烈的质量意识，就能把外在的质量管理制度转化为内在的自觉要求，并体现在每一个工作环节中。任何职业、任何岗位的工作都讲求工作质量，都要保证工作效益的最大化，这是组织运行的必然要求，也是我们从事任何职业活动的基本要求。

6. 创新意识

创新意识是指人们对创新与创新价值性、重要性的一种认识水平、认识程度以及由此形成的对待创新的态度，并以这种态度来规范和调整自己活动方向的一种稳定的精神状态。它是人类意识活动的一种积极的、富有成果性的表现形式，是人们进行创造活动的出发点和内在动力，是创造性思维和创造力的前提。

良好的创新意识不仅能体现个人的发展潜力，对企业的发展也具有重要价值。

7. 公平竞争意识

公平竞争意识是指个人在职业活动中敢于竞争，并公开、平等、公正进行竞争的思想观念。随着我国社会主义市场经济体制的建立，竞争在社会生活的各个领域更加广泛。只有公平竞争，才能够在实现劳动者个人利益的同时更好地实现全社会的整体利益，推动社会的全面发展。

公平竞争，作为市场经济的基本法则，已经成为市场经济体制正常运行的前提条件。随着企业改革的不断深化，竞争上岗已成为基本的用人制度和干部选用制度，每一个从业人员都面临着更大的挑战和机遇。每一个从业者只有具备良好的竞争意识，才能在未来的职业生涯中立于不败之地。

8. 法纪意识

法纪意识就是遵纪守法的意识，是用国家法律和有关纪律约束自己，依法从事职业活动。随着社会主义法治建设的有效开展，法纪观念更加深入人心，人们的法纪意识越来越强。大学生要掌握一定的法律知识，包括《中华人民共和国劳动法》《中华人民共和国劳动合同法》《中华人民共和国就业促进法》等相关就业方面的法律，以及当前国家对学生就业的一些优惠政策等，这些法律法规知识、就业政策能为学生的就业权益提供维护和保障。面对目前的就业形势，大学生更应该增强法纪意识，树立理性的择业观，避免就业过程中合法权益受侵害或者由于法律意识淡薄而选择从事不法职业；走上工作岗位后，他们更要遵纪守法，保障职业生涯在正确的轨道上发展。

9. 全局意识

全局意识是指能够从客观、整体的利益出发，站在全局的角度看待问题、解决问题、处理问题的思维方式。全局意识是获得整体利益最大化的关键。人处在社会体系之中，谋划事业，安排生活，绝不仅仅是个人问题，必须要充分考虑社会、集体这个整体。

10. 机遇意识

机遇意识是指把握、利用有利的条件，推进个人职业发展的主观自觉性。大学生要善于认识机会，把握机会。机会只留给有准备的人，在认识机会后要创造条件，把大家都有可能遇到的机会变成自己的机会，这往往要求人们准备充分，切入恰当。有机遇意识的人往往有捕捉机会的敏锐性和把握机会的自觉性，在机会到来时，才能做到当仁不让，志在必得。良好的机遇意识不仅成就个人的职业成功，也能给工作单位带来发展机会，使之把握新的发展时机。

（三）职业技能

职业技能是指一个人完成工作任务，从事与职业相关活动所必备的本领，表现为能胜任所从事的各种工作和职业相关活动，并能在其中得到发展的一种特征。

职业技能与大学生职业生涯发展进程密切相关，它影响到个人职业选择、职业决策及职业生涯规划设计。因此，个人在职业发展中要对各种职业能力进行开发整合与调整，以更好地促进未来职业生涯的发展。

职业技能主要包括以下几个方面。

1. 专业知识技能

专业知识技能是指通过学习获得的某一专业领域的知识和技能，就是指个人所掌握的某一项技术的知识。知识技能不能迁移，需要经过有意识的、专业学习才能掌握，常常与个人的专业学习和工作内容直接相关，是职业活动得以进行的基本条件。

当今社会是一个知识爆炸的社会。随着大数据时代的到来，大学所学的专业知识往往不是企业唯一看重的，但这并不意味着专业知识不重要。大学期间要重点培养自己具备一定的专业素养和学习能力。进入职场后，继续学习和提升也非常重要。因此当你选择了一个专业方向之后，必须学好并掌握该专业的核心课程，使自己具备一定的专业基础；同时，通过专业学习，总结归纳出自己的一套方法，使自己具备继续学习的能力。

大学生应该充分认识到专业知识技能对自己未来职业发展的重要意义，抓住每一次学习的机会，坚持学习，善于学习，持续学习。努力培养专业兴趣，积极学习专业领域的基本知识，同时广泛涉猎专业发展的相关知识，密切关注行业发展的前沿动态；掌握过硬的理论基础和专业知识，做到融会贯通，举一反三。

2. 沟通协作能力

现代社会，人与人之间的交往日益频繁，良好的沟通协作能力能使双方达成共识，促进各项工作的顺利开展。许多大型国企的招聘人员都认为新时期的大学生需要有较强的沟通能力和团队合作的能力，他们希望看到大学毕业生身上显现出团队合作与协同努力的精神，因为这一点非常重要，它关系到整个团队甚至是整个企业的发展。

3. 自主学习能力

自主学习能力是指能有意识地通过一定的途径和方法有效吸纳和扩充知识的能力。大学生要有意识地把自主学习变成职业行为习惯。因为职业素养就是在职场上经过长时间的学习—改变—形成的过程，最后变成习惯的一种职场综合素质。心态可以调整，能力可以提升。要让正确的心态、良好的能力发挥作用，就需要不断地学习、学习、再学习，直到成为习惯为止。现代社会由于知识更新的周期缩短，要求从业人员不断学习，所以终身化学习也成为必然趋势。

4. 实践执行能力

对于个体而言，实践执行能力就是办事能力；对于团队而言，实践执行能力就是战斗力；而对于企业而言，实践执行能力就是经营能力。它是指能有效地将专业知识转化为实践，面对突发问题时能积极有效地应对，调动一切可利用的资源解决问题的能力。

一个企业的成功30%靠战略，60%靠企业各层的执行力，只有10%靠其他因素。因此，多数用人单位十分看重学生的实践执行能力，他们认为“将书本的专业知识运用到实践中十分重要”。许多大型企业的人事招聘负责人都持有这样的观点：一个人的动手能力和实际操作能力是最重要的，招聘时非常注重求职者在试用期和基层锻炼期的表现。

实践执行能力是每个成功职场人必须修炼的一种基本职业技能，要把一件事情做好，不仅要坚持不断地关注行业的发展动态及未来的趋势走向，还要有良好的沟通协调能力，更要有高效的实践执行能力。没有良好的实践执行能力，所学习的专业知识就很容易成为纸上谈兵。

5. 组织协调能力

组织协调能力是指根据工作任务，对资源进行分配，同时控制、激励和协调群体活动过程，使之相互融合，从而实现组织目标的能力。一般认为，组织协调能力包括组织能力、授权能力、冲突处理能力、激励下属能力。

6. 创新创造能力

创新创造能力是指遵循事物发展规律，对事物的部分或整体进行变革，使其得以更新和发展。它的特性是首创性和独创性。

IBM（国际商业机器公司，也称万国商业机器公司）用人要求，是把创新创造能力作为一项重要的用人标准。一些调查者就“企业最重视应聘者的哪些能力”这一问题，对惠普、西门子等30多家世界最为知名的跨国公司进行的调查显示，被调查的企业都非常看重应聘者的创新能力，比例达100%。在调查中，用人单位普遍认为，创新型人才更能得到企业的青睐。

7. 自我管理能力

自我管理能力是指个人依靠主观能动性按照社会目标，有意识、有目的地对自己的思想、行为进行转化控制的能力。自我管理能力经常被看成是个性品质，它常被用来描述或说明个人具有的重要能力特征，这些能力可以从非工作领域迁移到工作领域，是成功所需要的必要品质。它可以帮助一个人更好地适应环境，是个人最有价值的资产，也是决定一个人职业生涯成功与否的关键因素。

第二节　提高职业素养的途径

案例

崔华是大连航运职业技术学院经济管理系国际邮轮乘务专业的学生。在校学习期间，崔华是个学习用心、乐于助人的学生。她经常帮助同学解决生活和学习上遇到的问题，也经常帮助老师做些自己力所能及的工作。在这些不起眼的锻炼中，她的能力逐渐得以增强。

2014年11月20日崔华得到了在博鳌亚洲论坛大酒店客房部实习的工作机会。她工作非常努力，对每一项工作任务都认真负责。实习结束时她获得了“优秀实习生”称号，领导们对她的综合素质给出了很高评价。

2016年6—7月崔华在天津海邮酒店餐饮部实习。由于工作能力出色，而且经常帮助领导分担工作，她得到了上级领导的肯定。实习结束后，崔华被安排到美国皇家加勒比邮轮工作，开始在更开阔的职业平台上施展自己的才华。

讨论： 崔华具备哪些良好的职业素养？

职业素养的培养应该着眼于整座职业素养的“冰山”，以培养显性职业素养为基础，重点培养隐性职业素养。当然，这个培养过程不是学校、学生、企业哪一方能够单独完成的，应该由三方共同协作，实现“三方共赢”。

一、自我培养层面

作为职业素养培养主体的学生，在大学期间应该学会自我培养。具备了良好的职业素养就是职业生涯成功的开始。

（一）了解自己的职业素养状况

（1）可以通过学校开设的课程，或者学校的职业指导机构、社会的“职业指导”服务项目，接受有关职业素养提高途径方面的指导。

（2）可以从学校或者就业指导机构提供的“职业素质测试”系统中测知自己大概的职业素养状况。

（3）也可以在专业教师帮助下，通过一些可靠的职业素质测试软件或者填写这方面的问卷获得相关的数据，来分析自己的职业素养情况。

（二）培养职业意识

培养职业意识就是要对自己的未来有规划。因此在大学期间，每个学生应明确：我是个什么样的人？我将来想做什么？我能做什么？环境能支持我做什么？要着重解决一个问题，即认识自己的个性特征，包括自己的气质、性格和能力，以及自己的个性倾向，包括兴趣、动机、需要、价值观等，据此来确定自己的个性是否与理想的职业相符。对自己的优势和不足有一个比较客观的认识，结合环境如市场需要、社会资源等确定自己的发展方向和职业选择范围，明确职业发展目标。

（三）显性职业素养的培养

配合学校的培养任务，完成知识、技能等显性职业素养的培养。职业行为和职业技能等显性职业素养比较容易通过教育和培训获得。学校的教学及各专业的培养方案是针对社会需要和专业需要所制定的，目的是使大学生获得系统化的基础知识及专业知识，加强学生对专业的认知和知识的运用，并使大学生获得学习能力、培养学习习惯。因此，大学生应该积极配合学校的培养方案，认真完成学习任务，尽可能利用学校的教育资源，包括教师、图书馆等获得知识和技能，作为将来职业需要的储备。

（四）隐性职业素养的培养

有意识地培养职业道德、职业态度、职业作风等方面的隐性职业素养是学生职业素养培养的核心内容。核心职业素养体现在很多方面，如独立性、责任心、敬业精神、团队意识、职业操守等。事实表明，很多大学生在这些方面存在不足。有记者调查发现，缺乏独立性、会抢风头、不愿下基层吃苦等表现容易断送学生的前程。喜欢抢风头的人被认为没有团队合作精神，用人单位也不喜欢。如今，很多大学生是生长在“6+1”模式下的独生子女家庭，欠缺独立性、承担责任、与人分享等品质；同时他们喜欢我行我素、心理脆弱。因此，大学生应该有意识地在学习和生活中主动培养独立能力，学会分享感恩，勇于承担责任。

大学生职业素养的自我培养应该加强自我修养，在思想、情操、意志、体魄等方面进行自我锻炼；同时，还要培养良好的心理素质，增强应对压力和挫折的能力，善于从逆境中寻找转机。

二、学校培养层面

学校应该从以下 5 个方面着手加强对大学生职业素养的培养。

（一）把职业素养的培养纳入系统工程

从进入大学校门的那一天起，学校就应该使大学生明白高校与社会的关系、学习与职业的关系。全面培养大学生的显性职业素养和隐性职业素养，并把隐性职业素养作为重点进行培养。

（二）构建科学的培养体系

以就业指导部门为基础成立大学生职业发展中心，并开设相应的课程，结合社会提供相关的资源及时向大学生提供职业教育和实际的职业指导。另外，深入了解大学生的需要，改进教学方法，提升大学生对专业学习的兴趣，满足大学生对本专业各门课程的求知需求，尽可能向大学生提供正确、新颖的学科信息。

（三）帮助大学生形成正确的职业培养意识

帮助大学生树立人生观和价值观，养成良好的学习和生活理念，帮助大学生认识社会、观察社会，并结合大学生自身的实际情况，初步形成正确的职业意识和理性的从业观念。

（四）帮助大学生明确专业技能的重要性

在专业学科教育中加强引导，专业课的学习将直接影响大学生将来的就业。大学生从入学开始，如果能懂得专业课的重要性，就可以在大学学习期间做到有的放矢，围绕专业课，逐步了解并热爱自己的专业，为未来工作奠定坚实的基础。通过专业知识的学习研究，大学生养成好学上进的优良品质，最终形成良好的职业素养。

（五）帮助大学生树立正确的职业理想

正确的职业理想有助于大学生强化职业素养的培养意识。

学校应该指导大学生设计职业生涯规划，培养其职业理想。针对大学生个人的兴趣爱好、能力、特长、经历及不足等各方面，帮助他们进行综合分析与权衡；同时结合时代特点，根据每个人不同的职业倾向，帮助其确定最佳的职业奋斗目标，并鼓励他们为

实现这一目标做出行之有效的活动安排。

大学生树立正确的职业理想的过程，也是认识自我、分析自我、要求自我的过程。他们根据自身的个性设计职业生涯规划，明确职业发展目标，就会更好地培养职业成功需要的职业素养，为自己最终实现职业理想做好准备。

大学生能够在学校里培养出良好的职业素养，就从一定程度上证明了学校职业人才培养模式的成功。

三、企业培养层面

社会机构和企业，尤其跟学校开展校企合作项目的企业，要积极引导大学生重视职业意识的培养。提供咨询、实训、实习等机会让学生尽可能多地接触职场，了解实际环境下的职业素养要求，使大学生切实明白职业素养的重要性，加强他们对培养自身职业素养的积极主动性。企业帮助大学生培养良好的职业素养的过程也是为自身发展储备合格人才的过程。

课后任务

一、思考问题

1. 职业素养分为哪几种类型？
2. 简述职业素养包含的要素。
3. 职业素养的培养途径是什么？

二、拓展实践

下面是一些常见职业的素养要求。同学们可以据此判断一下自己所具备的职业素养。这里所列举的不包括一般从业人员所应具备的共同的基本职业素养。

工程技术人员的基本素养

（1）能够运用科学的学习方法独立获取、加工、利用专业信息，解决实际问题。

（2）具备扎实的专业知识基础，能应用理论知识解决实际问题。

（3）注重关注细节，做事细致耐心。

（4）对新技术的发展和应用具有敏锐的洞察力和预测能力。

（5）有一定抗压能力，能在外界压力下处理工作问题。

（6）具有较强的实验操作、模型制造、解决操作问题等实践能力。

（7）具有较强的协调合作能力，保证技术的实施和攻关。

（8）具有较强的创新创造精神。

（9）具有严肃认真，实事求是的工作态度。

广告策划、设计人员的基本素养

（1）具有大局观，能以战略眼光解决实际问题。

（2）具备较丰富的知识，具有较强的识别判断能力。

（3）法制道德观念较强，有法律意识，有道德标准。

（4）有较强的创造力，能别出心裁。

（5）有较强的想象力，具备绘画等基本技能。

（6）具有较强的审美能力。

（7）具有较强的人际交往能力。

（8）了解社会需求的洞察力。

推销、采购人员的基本素养

（1）自我管理能力较强，严格自律。

（2）具备扎实的专业知识基础，能够较准确地把握市场行情。

（3）具有良好的语言和文字沟通能力。

（4）善解人意，有亲和力。

（5）有一定谈判技巧，处理事情灵活。

（6）诚实守信，对公司和客户有较高的忠诚度。

（7）具有较强的观察力，善于捕捉信息。

（8）有较强的信息获取能力。

（9）有较强的时间观念。

金融、财会人员的基本素养

（1）法治意识强，能坚持原则。

（2）专业知识扎实。

（3）责任心强，做事谨慎细致，精益求精。

（4）有较强的数字处理能力以及数据分析、汇总能力。

（5）知识面较宽，了解采购、经营等相关行业的知识。

（6）自主学习能力较强，不断熟悉新的专业应用软件。

（7）时间观念强。

（8）自律意识强，能抵制各种诱惑，秉公办事。

外贸工作人员的基本素养

（1）思想政治素质过硬，讲究国格和人格。

（2）具备扎实的专业知识基础，具有丰富的知识储备。

（3）具有一定外语水平和良好的语言和文字沟通能力。

（4）具有较强的文化包容态度及交际能力。
（5）具有较强的协调能力及合作共事能力。
（6）善于搜集、处理信息，乐于学习。
（7）责任心强，有担当意识。
（8）具有较好的心理素质，能面对复杂的市场变化。

教师的基本素养

（1）热爱教育，有献身精神。
（2）热爱学生，有爱心，有耐心。
（3）具有较强的语言表达能力，发音正确，口齿清楚。
（4）专业知识扎实，学识较渊博。
（5）具备较强的组织管理能力。
（6）具有较强的观察能力，具备心理学知识。
（7）具有较强的责任心，能够以育人为己任。
（8）有较宽泛的兴趣爱好，有开阔的思维方式。
（9）有良好的道德品质，善于规范自己的言谈举止。
（10）注重仪容仪表。

商业经营人员的基本素养

（1）具备一定的商业知识，了解市场运行规律。
（2）头脑灵活，思路开阔，具备一定的推理判断市场行情的能力。
（3）具有较强的信息处理能力，能辨别信息价值并及时作出反馈。
（4）具备一定的文字表达能力，能准确理解、拟定合同、合约等经济文书。
（5）具备较强的组织管理能力，能够协调各项业务活动顺利进行。
（6）具有较强的抗压能力，能面临工作中的挑战。
（7）具有较强的决策能力，能够果断处理问题。
（8）具有创新创造能力，善于开拓新领域。
（9）有缜密的逻辑思维能力和良好的谈判能力。
（10）具备较强的社交能力。

第二章

时间管理

【知识目标】

1. 了解时间管理概念。
2. 掌握时间管理方法。
3. 了解时间管理的陷阱。

【导入案例】

查理斯·舒瓦普是伯利恒钢铁公司的总裁，他为了掌握时间管理的技巧专门去拜见效率大师艾维·利。艾维·利说可以在 10 分钟内送给他时间管理的秘籍，这个秘籍可以让他公司的业绩至少提高一半。

艾维·利递给查理斯·舒瓦普一张空白纸并告诉他："你在这张纸上列出你明天要做的最重要的 6 件事情。"过了一会，他接着说："现在按照每件事情对于你和你公司的重要性，用数字标出每件事情的次序。"

查理斯·舒瓦普用了 5 分钟完成了这件事。

艾维·利又说："每一天你都要这样做。当你对这种方法的价值深信不疑时，让你公司的其他人也这样做。这个试验你想做多久就做多久。等你见到成效后给我寄张支票来，你认为这个方法值多少钱就寄给我多少钱。"

这次会面不到半个小时。几个星期后，查理斯·舒瓦普给艾维·利寄去了一张 2.5 万美元的支票。

5 年之后，查理斯·舒瓦普的小钢铁厂成为世界上最大的独立钢铁厂。艾维·利提出的方法为查理斯·舒瓦普赚了 1 亿美元。

讨论：怎样把珍惜时间的想法变成利用时间的方法？

第一节 时间管理概述

人生管理，实质上就是时间管理。时间是世界上最稀缺、最宝贵的一种资源，时间的稀缺性体现了生命的有限性。科学地分析时间、利用时间、管理时间、节约时间，进而在有限的时间里，最大化地创造自身职业价值，是追求自我完善和自我超越的一种重要能力。

一、基本概念

（一）时间

人的时间感觉是最不可靠的。日常生活中，我们常常会觉得时间很紧张，把它都用在了工作中的重要事情上。但是如果仔细分析，我们会发现事实并非如此，导入案例就是一个很好的佐证。因此，管理好时间，是管理好其他事情的前提；而分析认识自己的时间，是系统地分析自己的工作、鉴别工作重要性的方法，也是通向成功的有效途径。

那么，人的一生到底拥有多少时间呢？如果按“人生七十古来稀”的说法计算，则人的一生拥有的时间为365天×70=25 550天。扣除前20年的成长阶段、后15年的退休阶段，个人用于职业生涯的时间大约只有35年，即365天×35=12 775天。再去除每天必需的8小时睡眠及生活、休闲的时间，大约只剩下一半的时间。如何利用这仅有的时间，我们需要从了解时间的特征着手。

1. 时间具有固定性

时间对于每个人来说都是固定的。不管是成功的人，还是不成功的人，在任何情况下时间都不会增加，也不会减少，一天都只能是24小时，并且任何人都无法阻止其持续流逝，也无法将其暂时储存。成功与不成功的差别仅在于如何利用这24小时。

2. 时间具有不可替代性

时间是任何东西都不能替代的，是任何活动必不可少的基本资源。

3. 时间具有效用性

时间的效用就是人们在单位时间内创造的价值，这种效用值的大小和人的能力及从事的活动有关，如果用金钱来衡量，这也就造成了贫富之间的差异。时间对于当代的大学生尤其珍贵，需要他们对自己的时间流向高度重视。只有管理好时间才能把控人生。

（二）时间管理的定义

时间管理是指为了达到某种目的，人们通过可靠的方法和途径，安排自己和他人的活动，合理、有效地利用可以支配的时间。时间管理所探索的是如何减少时间浪费，以便有效地完成既定目标。时间管理的关键在于，如何选择、支配、调整、驾驭单位时间里所做的事情。时间管理分为个人时间管理和企业对员工的时间管理，本书讨论的是个人时间管理。

（三）时间管理的目的

时间管理的目的在于提高时间资源的使用效率，即懂得如何按照预计的时间达到预期的效果，产生预期的效率或产生最佳的效能。衡量一件事情做得怎么样，或衡量自己做事的效率和效能怎样？有三个指标：效果，指事情是否达到预期确定的目标；时间，做这件事所花的时间； 效率，单位时间内实现的效果，即用最小的时间代价或花费获得最佳的期待结果。时间管理的目的不是仅追求效果的最佳，而是追求最高的效率和最佳的效能，即用最少的时间做最多的事或最好的事。

（四）学习时间管理的意义

1. 时间管理是取得职业成功所必备的职业技能

成功的事业，首先得益于成功的时间管理。善于管理时间是成功者最重要的素质。许多人虽然在业务上或技术上非常高超，但在时间管理上却没有达到相应的水平，表现为精力不够用，时间不够用，工作效率低，最终导致职业生涯的失败。

2. 时间管理是适应快速发展社会的砝码

当今社会，网络和信息技术发展迅速。经济的游戏规则已经转变为快鱼吃慢鱼，竞争的焦点是速度的竞争，谁学习速度快，谁的创新能力强，谁就能取得竞争的优势。每一个人必须提高速度，尽快适应快速发展的社会。

3. 增加给自己充电的时间

提高职业技能，需要学习更多的知识，也就需要花更多的时间去提升个人的职业能力。因此，学会时间管理可以更科学地分配时间，把时间用于做最需要、最有意义的事情，使自己有更多的时间学习专业知识，提高专业技能。

4. 增加放松自己的时间

学习时间管理可以安排更多的时间与家人和朋友团聚，增加自己的休息时间，减轻心理压力。

二、时间管理的发展历程

时间管理的发展经历了 4 个阶段。从一开始人们认识到时间管理的重要性，到开始对时间进行有效管理，这中间经历了从管理方式到管理重点的转移。

1. 第一阶段：时间的增加和备忘录

这是时间管理的初始阶段。时间的增加就是当时间不够用时，单纯地采取加班加点的方式延长工作时间，去完成比较多的工作任务。

备忘录就是把所有需要完成的工作项目罗列出来，制作成一个工作清单，完成一件就从清单上删掉一件，通过这样的方式进行时间的分配和使用管理。

2. 第二阶段：工作计划和时间表

即在开始做所有的工作任务之前把清单列好，给每项任务规定一个时间期限，每一项任务都有起始时间和结束时间，要在规定的时间段内把这项工作完成。

3. 第三阶段：优先顺序排列

优先顺序排列的方法是为了追求效率。当工作任务很多，在规定的时间内无法全部完成时，就要求对时间管理的内容进行一定的更改。一方面，要对工作任务进行取舍，决定哪些必须做，哪些可以不做；另一方面，要对工作任务进行排序，筛选出优先事项排列在前边，确定先做什么，后做什么，以及重点做什么，什么是非重点工作。

4. 第四阶段：以重要性为导向

即用最有效的时间去做最有成果、最有效率的事情。在一定的时间段里，高度集中注意力，一气呵成把事情做完，中间不停顿，从而达到一种高效率。这种方法需要使用者调整好生物钟，控制好工作节奏。

在平常生活中，下面的一些做法可以帮助我们达到这个阶段的时间管理要求。

① 为重要的任务设立专门的工作时间；

② 为重要的工作设立优先权；

③ 设立安静时间，有针对性地回避干扰；

④ 尽量把工作的重要部分完成；

⑤ 把大任务拆分成小任务，“蚕食”完成；

⑥ 给自己规定完成重要任务的期限。

三、时间管理的 3 种观念

时间管理主要有 3 种不同的观念：时间观念、效率观念和效能观念。对这 3 种观念的理解和把握是有效进行时间管理的关键因素。

1. 时间观念

时间观念的建立是管理时间的基础。有了时间观念，才能珍惜时间，才会有意识地利用碎片时间、闲余时间。3 年与 1 小时相比，可能是一段比较长的时间。实际上，如果每天能节约出 1 个小时的时间，那么在人生 70 年的岁月里，我们会多出 3 年的时间。时间的观念可以改变一个人的做事习惯和做事方法，从而对时间进行有效管理。

2. 效率观念

效率观念的本质就是要有速度。足够快的速度可以让石头在水面上漂飞。追求做事的速度可以有效地提升效率。

3. 效能观念

效能观念要求人们不仅要有速度，还要考虑其他因素，衡量结果和价值。如果效率是“快”，那么效能则是“快、好、多”。效能讲究的是在单位时间内所获得的价值和回报的大小。它的重点是不但要完成工作任务，而且速度快，正确率高，成本低，效果出众。

大学生作为新时代的职业人，不仅仅要有良好的时间观念，做事高效，还要追求价值，做到多、快、好、省。

第二节　时间管理陷阱

所谓的时间管理陷阱，是指导致时间浪费的各种因素。在现实生活中，我们常常会出现：习惯性拖延时间，不擅长处理不速之客的打扰，不擅长处理无端电话的打扰，泛滥的“会议病”困扰等情况，这些都会影响我们对时间的有效管理。

一、拖延

拖延是最常见的浪费时间的因素。当遇到一个问题或完成一项任务时，拖延不仅不能使问题或任务消失，有时候会越来越严重，使解决问题或完成任务的难度逐步增加，本来短时间就能完成的事，可能会需要很长时间才能完成；同时，由于问题得不到解决，

任务没有完成，还会增加自己的焦虑感，影响今后的工作和生活，使自己变得越来越痛苦。“明日复明日，明日何其多。我生待明日，万事成蹉跎。”这首《明日歌》形象地描绘了拖延的特征及后果。

（一）拖延的主要表现

拖延最常见的表现主要有以下 5 点。

1. 回避

人们会回避与完成任务有关的场所或情景。例如，学生在期末时花很多时间去看电影、购物，而不是在教室完成作业或复习。

2. 否认与轻视

正在拖延的人，将时间花费在一些不重要且不紧迫的事情上，而对那些重要且紧迫的事情，通常采取否认或轻视的态度。例如，在准备开始写期末论文时，他决定先洗衣服，因为再不洗衣服自己就没有衣服穿；然后他又去倒垃圾，因为担心不倒垃圾就会堆成山。总之，洗衣服和倒垃圾在开始写论文时都突然变得十分重要。

3. 分散注意力

有些人拖延，并不是否认该任务的重要性，而是分散自己的注意力。这主要与完成的任务使其产生紧张、焦虑有关。例如，有些人为了逃避需要完成的项目策划，坚持每天去健身房，很多时候并不能意识到自己正在做的是一件分散注意力的行为。不仅如此，这种行为可以让他们觉得自己是有产出的，从而在一定程度上缓解他们的焦虑，也被称为人们拖延的精神补偿。

4. 嘲笑、讥讽

嘲笑、讥讽那些提前规划、按部就班地完成任务的人。例如，声称只有那些能力不足的人才需要提前做准备，试图以此证明自己的拖延是有道理的：“我能力强，有资本拖延。”

5. 比上不足，比下有余

人们还会不断地与比自己更拖延的人做比较，以此来减轻自己的羞耻、内疚感，得到一种“我不是最拖延的人”的自我安慰，并习惯性找借口：“同事（或同学）都在玩，我玩一会儿也无所谓。”

（二）克服拖延的方法

1. 设立合理可行的目标

设立合理可行的目标不至于被过高的期望所吓倒；而且完成这些可实现的目标，有助于一步一步地提升自我效能感，从而让自己认识到，自己是有能力完成一些事情的。

2. 将任务进行分解

有时候，人们拖延是觉得任务太大，很难在短时间之内完成，于是总想找一个大块的时间去完成，但总是找不到这样的时间，所以一直没法开始去做。将一个大的目标拆分成若干个小任务后，每一个小任务更加容易实现；而完成每一个拆分后的小任务后，又会为实现大目标增添信心。分解任务还可以帮助我们估计分解后每一步所需要的时间，防止笼统估计可能带来的误差。

3. 及时奖赏自己

人们厌恶一项任务造成的拖延往往与完成任务之后得到的奖赏和惩罚有关。因此多想一想完成任务后可能带来的好处，并在每一个分解后的小任务完成之后，给予自己一些小奖赏，这将有助于克服拖延。

4. 改变计时方法

改变计时方式会改变我们对未来的认知。以天作为时间计算单位，就会比以月或年要更让人们感到时间上的接近，也更愿意尽早做出努力，这可能也是高考倒计时总是使用倒计时 100 天而不是 3 个月的原因。

二、不会拒绝

我们所面临的请求可能来自上级、同事、部下、亲戚、朋友或其他人员。这些请求大致分为三类：一是责无旁贷的，二是请求的内容不合时宜或不合情理；三是没有义务给予承诺的请求。对于第一类请求，我们应该也必须答应并出色地完成。但对于后两类请求则要根据自己的时间和精力情况决定：如果自己没有时间和精力去完成，又不加选择答应下来，就会使自己的工作和生活处于非常忙乱的状态。因为人的时间和精力都是有限的，不可能满足所有人的请求。答应别人的请求，又没有时间来完成，这对自己和他人来说，都将是一种伤害。

（一）不会拒绝的原因

（1） 接受请求比拒绝更为容易。

（2） 担心拒绝之后将会得罪对方或招致其在其他方面的报复。

（3） 想做广受好评的“好人”。
（4） 不了解拒绝的重要性。
（5） 不知道如何拒绝。

（二）怎样拒绝别人的请求

1. 耐心倾听对方的请求

即使在对方述说中途就已经知道必须加以拒绝，也要请人把话说完。既表达对其尊重，也可更加确切地了解其请求的主要内容。

2. 明确地告诉对方你要考虑的时间

以“需要考虑考虑”为托词而不愿意当面拒绝请求。内心希望通过拖延时间使对方知难而退。这是错误的。如果不愿意立刻当面拒绝，应该明确告知对方考虑的时间，以表示自己的诚信。

3. 拒绝的话不要脱口而出

要站在对方立场上思考，一定要表示出明白这个请求对其的重要性。

4. 拒绝时要和颜悦色

首先感谢对方在需要帮助时可以想到你，然后略表歉意。

应当注意的是，过分的歉意会造成不诚实的印象。因为如果你真的感到非常抱歉的话，就应该接受对方的请求。

5. 态度要坚决

不能因为对方再次说服而改变想法，因为这样会给对方以为有回转的余地，对己对人都不负责任。甚至耽误对方办事，为双方之间埋下不愉快的种子。

6. 必须指出拒绝的理由

指出真诚的并且符合逻辑的拒绝理由，有助于维持原有的关系。如果觉得拒绝的理由不充分，也可以直接拒绝而不说明理由。千万不可编造理由，因为谎言终究会被揭穿。当你说明理由后，若对方试图反驳，千万不可与之争辩，只需重申拒绝。

三、缺乏计划

培根曾经说过：“合理安排时间，就等于节约时间。”工作缺乏计划，将导致目标不明确，不能有效地归类工作，也就很难按照事情轻重缓急的顺序，有效地分配时间。

因此，无论是学习还是工作，都应事先制订计划，合理安排时间。

（一）制订计划的重要性

1. 督促的作用

如果没有一个量化的指标，靠人的自觉性来完成一项工作，很容易出现一些想象不到的偏差；如果制订计划，并按照计划的步骤来完成一项工作，计划就起到督促与监督的作用，可以预防和纠正执行过程中出现的偏差。

2. 提示的作用

仅仅简单策划一下就开始工作，没有制订出具体的计划，很容易无意识或有意识地遗忘和忽略一些细节；如果制订具体的计划，就可以提示我们，在什么时候干什么工作。

3. 厘清思路的作用

制订工作计划的过程也是思考的过程。在制订工作计划的过程中已经将工作思路厘清了，做起来自然水到渠成。即使出现一些意外，其最后结果一般也不会有太大的偏差。

4. 锻炼思维与语言组织能力的作用

在制订工作计划时要思考，并通过语言表达出来。经常制订工作计划，可以增强人的逻辑思维与直觉，同时也增强语言文字组织能力与表达能力，对常规或非常规的问题形成一套比较成熟的模式，从而提高个人的工作效率。

5. 培养良好习惯的作用

长期制订工作计划可以使人的生活、工作和学习比较有规律，养成良好的习惯。制订工作计划，会让人变得不拖拉，不懒惰，不推诿，不依赖。

6. 总结与回顾的作用

在制订工作计划时，通过回顾以前做的计划中存在的不足，总结经验，可以让人不断进步，制订的工作计划一次比一次好。在日后的工作中可以提前预防出现同类问题，做起事来得心应手，避免不必要的时间浪费。

（二）制订计划需要注意的问题

计划对工作既有指导作用又有推动作用。制订好计划，是建立正常的工作秩序、提高工作效率的重要手段。计划的制订者要明白工作目标和任务，明确方向，知道工作内容，知道如何来干好这些工作，什么人来干这些工作，工作进度怎么安排，掌握哪些可使用的资源。制订工作计划实际上就是对工作的一次盘点，让自己做到清清楚楚，明明白白。工作计划主要包括以下 4 个方面的内容。

1. 工作内容（工作目标、任务），即做什么

计划应列出在一定时间内所完成的目标、任务和应达到的要求。任务和要求应该具体明确，有的还要定出数量、质量和时间要求。

2. 工作方法（措施和策略），即怎么做

工作计划要明确何时实现目标和完成任务，因此必须制定出相应的措施和办法，这是实现计划的保证。措施和方法主要指达到既定目标需要采取什么手段，动员哪些力量与资源，创造什么条件，排除哪些因素等。总之，要根据客观条件统筹安排，将怎么做写得明确具体，切实可行。

3. 工作分工，即谁来做

工作计划要写明谁来做。这是指执行计划的工作程序和时间安排，每项任务在完成过程中都有阶段性，而每一个阶段又有许多环节，它们之间常常是互相交错的。因此，制订计划必须妥善安排，哪些先干，哪些后干，应合理安排；而在实施当中又有轻重缓急之分，哪些是重点，哪些是一般，也应该明确。

4. 工作进度，即什么时间做

在时间安排上，既要有总的时间，又要有每一个阶段的时间要求，以及人力、物力的安排。即：在一定的时间内、一定的条件下，把工作做到什么程度，什么时间完成，以便争取有条不紊地进行。

四、不会处理干扰

在工作或学习中，我们经常会被没有规定日程的拜访、电话及其他琐事，如拿快递、接电话、同事帮忙等小事情所干扰。虽然干扰未必都是不必要或不利的，但干扰会影响正常的工作或学习。为了提高效率，必须有效地处理日常的干扰。常见的处理干扰的方法主要有以下几种。

1. 关掉手机提示语音或开启免打扰

现在人们越来越离不开手机，手机已经成为日常处理事情的重要工具，很多工作或学习上的事情都可以运用手机来完成。但是手机也会给我们带来不必要的干扰，如骚扰电话、短信、群消息等。为了提高效率，在做重要事情时，可以暂时把手机的提示音关掉或开启免打扰功能，以便让自己专心做事。等事情做完后再查看相关信息，以免错过重要信息。

2. 加强自律能力

自律的人不一定都优秀，但优秀的人基本都是自律的。自律，其实就是自我管理。

3. 时刻保持头脑清醒

要想不受干扰影响，必须时刻保持头脑清醒，不轻易被外界的信息所干扰。知道自己在一段时间应该干什么，不应该干什么。要把时间看得很珍贵，这样才会更加珍惜时间去做重要的事情。

4. 目标明确

为了抗干扰，可以用目标来指引，并设定做事的截止时间，可以把截止时间设定到几点几分。目标越明确，截止时间设定得越具体，做事情效率就会越高，抗干扰能力就越强。想偷懒或拖延时，想想自己的目标和设定的截止时间，就会打消此念头，集中精力干手头的事情。

5. 找人监督、提醒

如果你是一个惰性很强的人，容易受外来干扰的影响，那么找人监督自己，随时提醒自己，这样就能减少很多不必要的时间浪费。

6. 学会拒绝干扰

有些干扰很难避免，如朋友或客户突然来访或打来电话，下属来汇报工作等。当这些干扰出现时，有时候你不得不说“对不起，我现在没有时间”，并解释自己在干急事，并告诉对方何时有时间接受来访；也可以说“我只有 5 分钟的时间”，以给对方限制时间；如果时间不够，可以再约时间。

第三节　时间管理的方法

时间管理方法就是用技巧、技术和工具帮助我们完成工作，实现目标。时间管理方法并不是要把所有事情做完，而是更有效地运用时间。

一、目标原则

目标的功能在于让你在面临各种选择时有一个清晰的认识，这样行动会更有效率。哈佛大学的一项对智力、学历、环境相似的人的跟踪研究发现：3%的人有十分清晰的长

期目标；10%的人有比较清晰的短期目标；60%的人目标模糊；27%的人没有目标。25年后，其中3%的人几乎都成了社会各界的成功人士；10%的人大都生活在社会的中上层；60%的人几乎都生活在社会的中下层；27%的人几乎都生活在社会的最底层。由此可见，清晰的目标可以使人在同样的时间内更高效地完成工作，也最能刺激我们奋勇前进，引导我们发挥潜能。

根据 SMART 原则，有效的目标应遵循 5 项原则：具体明确（specific），可衡量（measurable），可实现但有挑战性（achievable and challenging），有意义（rewarding），有明确期限（time-bounded）。同时，还必须具有书面性和可操作性。

需要清楚的是，任何一个目标的设定，时间限定都是一个重要内容。很多目标实现不了的重要原因，就是没有时间上的限定。因没有时间限定而实现不了目标的例子，在我们现实生活中不胜枚举。

二、象限原则

在开始工作前，我们如何在一系列以目标为导向的待办事项中，选择孰先孰后呢？一般来说，优先考虑重要和紧迫的事情；但是在很多情况下，重要的事情不一定紧迫，紧迫的事情不一定重要。因此，处理事情的优先顺序的判断依据是轻重缓急，常用四象限原则来作为判断依据（见图 2-1）。

第一象限是紧急但不重要的事情。这类工作包括：应付干扰，处理一些电话及电子邮件，参加会议，处理其他人际关系的事情。

第二象限是重要且紧急的事情。这类工作包括：处理紧急事件，处理有期限要求的项目或需要立即解决的问题，需要引起高度重视。

第三象限是重要但不紧急的事情。这类工作包括：策划，建立关系，网络工作，个人发展。

第四象限是不重要也不紧急的事情。这类工作包括：处理垃圾邮件、直销信件，处理浪费时间的工作，参与同事的社交活动及个人感兴趣的事情。

通过象限原则，我们清楚地看到，处理事情的优先顺序依次为第二象限、第三象限、第一象限、第四象限。但是，对于一个善于管理时间的人来说，通常会重点关注第三象限的事情，做好提前准备，以免将其拖延成第一类事情，从而措手不及，影响成效。

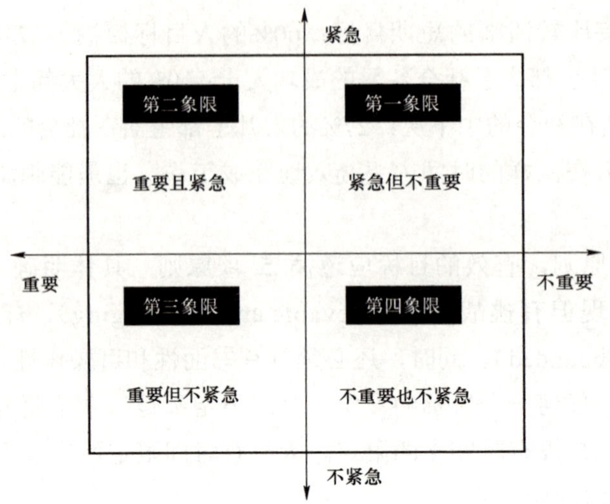

图 2-1　时间管理“四象限”

三、二八原则

“二八原则”又称帕累托定律。意大利经济学家帕累托，在对 19 世纪英国社会各阶层的财富和收益统计分析时发现：80%的社会财富集中在 20%的人手里，而剩余的 80%的人只拥有 20%的社会财富。随后，哈佛大学语言学教授吉普夫和罗马尼亚裔的美国工程师朱伦进一步完善了“二八原则”（见图 2-2）。“二八原则”提示我们，并不是所有的产品都一样重要，并不是所有的顾客都同等重要，并不是所有的投入都同样重要，并不是所有的原因都同样重要。在任何一组事物中，最重要的只占一小部分，即 20%；而其余 80%虽然占多数，却是次要的。如果想取得人生的辉煌和事业的成就，你就必须学会找出你心中事物的优先顺序，抓住重点。也就是说，用最有效率的时间去做 20%的最有效率的工作，把“好钢用在刀刃上”。

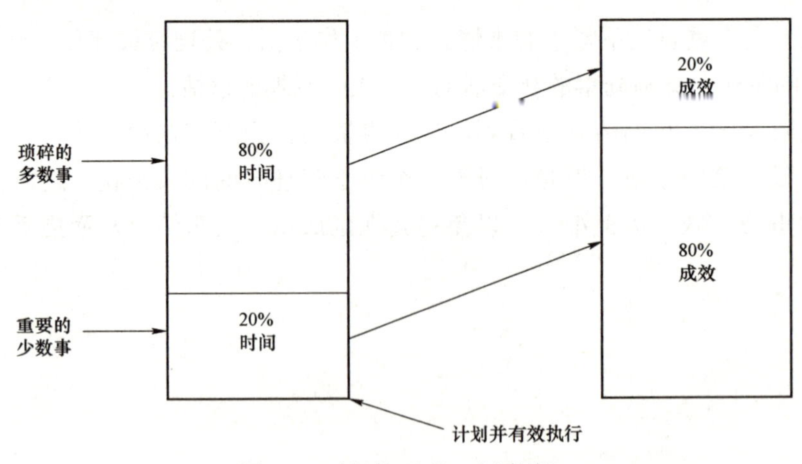

图 2-2　时间管理“二八原则”

四、黄金时间法则

通常来说，人一天精力的变化规律为：早上思维最敏捷，下午精力有所减退，晚上精力得到恢复但没有达到高峰。在实际生活中，人的生物钟是有个体差异的，差异最大的是“百灵鸟”和“夜猫子”。从名称上我们可以看出，有人白天效率高，有人夜晚效率高，但是，不管何种类型，其生物钟的模式规律是一致的，即思维敏捷—精力减退—精力恢复。了解自己生物钟的变化规律，认真根据自己的精力周期进行日程安排，可提高工作效率。

根据生物钟一般规律的黄金时间法则，日程可安排如下。

1. 智力任务

这类工作安排在思维敏捷阶段，这是制定决策的最佳时间，通常是在早上。

2. 思考性或创造性工作

精力减退期是思考、处理信息和长期记忆的理想时间，此时间内可进行思考性或创造性工作。这一时期通常是在下午。

3. 日常工作

精力恢复期适合做需要集中精力的日常工作或重复性工作，这个时期通常是晚上。

五、大块时间法则

大块时间法则是培养工作情绪的法则，即用前 30 分钟做最容易做的事情，让事情看起来有进度；在后 90 分钟做最重要的事情。

（1）列举今天所有要做的事情，将其分成容易的、重要的及其他事情，用“二八原则”排出事情的优先顺序。

（2）在前 30 分钟完成最容易做的事情，时间一到，不管是否完成都要将手里的工作告一段落。

（3）在后 90 分钟完成最重要的事情。如果顺利，可以持续工作。

（4）在空余时间内完成遗留的容易做的事情。

六、时间管理的六大法宝

大学生在学习时间管理的过程中会遇到一些困难，尤其在改正一些多年养成的坏习惯时。下面 6 条是可以帮助我们进行时间管理的法宝。

1. 改变观念

美国心理学家威廉·詹姆士通过研究发现，人们对待时间有两种不同的态度：一种是“这项工作必须要完成，但它实在太讨厌了，所以能拖就尽量拖”；另一种是“这项工作令人不开心，但它必须要完成，所以我得立刻动手，好让自己早点摆脱出来”。

当我们有了做事情的动机后，要迅速迈出第一步。不用强迫自己马上改掉旧习惯，只需要强迫自己立刻就着手去做这件事；可以试着每天从自己不爱做的事情列表中选一件去完成，这样可以渐渐改掉拖延的习惯。

2. 设立明确的目标

时间管理的目的就是让人们在最短的时间内实现想要实现的目标。首先写出自己一学期或一年的目标，然后按照重要程度依次排列，排在第一位的就是核心目标。根据这个目标，列出切实可行的行动计划。接下来就要按照计划，根据时间坚定执行。

一定要确定好核心目标，这个目标一定是你发自内心认为最重要的。时间管理的重点不在于管理时间，而在于时间是如何分配的。我们永远没有足够的时间做每一件事情，但我们一定会拿出时间做对我们最重要的事情。

3. 设定无干扰时间

一天之中一定要设立一段不被外界干扰的时间，哪怕只有半个小时，让自己置身于不被打扰的空间，全神贯注地完成一项工作。在这样无干扰时间内工作，效率会非常高。

4. 做时间日志

用一个专门的本子详细地记录每天的时间流向：几点做了什么，什么事情花了多少时间。经过一段时间后，你会很清楚地发现自己的时间去了哪里，计算出有多少时间用在学习或工作上，有多少时间浪费掉了。找到浪费时间的原因后才能对症下药地找到解决的办法。

5. 善于列清单

把自己需要完成的任务一一列出来，同时把起始时间也一一列出来。这样就可以一目了然地知道要做哪些事情，什么时间要完成这些事情。好记性不如烂笔头，不要想当然地认为自己能记住一周或一个月要做的事情，按清单执行会更靠谱。

6. 严格限定完成日期

英国著名历史学家帕金森认为，工作在最终期限到来之前是不可能被完成的。他在著作《帕金森定律》中说：“你有多少时间完成工作，工作就会自动变成需要那么多时间。”同样的一项工作，你可能花一整天才能完成，也可能只用一个小时就能完成。所以在规划完成工作的时间时，要尽量限定最短时间并全力以赴地争取在限定日

期之前按时完成。

课后任务

一、思考问题

1. 什么是时间管理？
2. 时间管理要遵循哪些法则？
3. 有哪些时间管理的法宝？

二、拓展实践

你有多少空闲时间

一个大学生让老师描述一下时间管理对于职业生涯的重要性，于是老师找来了一个盛水用的大罐子放在桌子上，又找来了一些石子、沙子和水。

老师把石子倒入罐子里，一直装得满满的，然后问学生："罐子满了吗？"

学生说："满了，装不下了。"

老师拿起沙子撒进罐子，沙子把石子留下的缝隙都填满了。

老师问学生："现在罐子满了吗？"

学生说："这次满了，没有缝隙了。"

老师又端起水，缓缓倒入罐子。

学生恍然大悟，只要合理规划，总是有可以利用的空间，这也正是时间管理的意义。如果正确地管理时间，就有更多的空闲时间可以用，在一定时间里可以做更多的事情。

第三章

学习力

【知识目标】

1. 了解学习和学习力的概念。
2. 了解学习的重要性。
3. 掌握有效学习的途径。

【导入案例】

张立勇出生于一个普通家庭，1993 年为了给家里偿还债务不得不辍学到广州去打工。1996 年经人介绍到了北京，在清华大学第十五食堂做了一名卖馒头的临时工。

张立勇非常好学，他每天晚上结束一天的工作后，哪怕去礼堂后面站着，也要坚持去听一些专家的讲座和演讲，以此增长自己的知识和见识。为了学习英语，他每天早上都坚持早起练习，一有空就参加学校里的英语角活动。通过坚持不懈的努力，他不仅通过了大学英语四级和六级考试，还在托福考试中考取了 630 分的成绩，这个分数超过了很多清华大学在读学生的成绩。

除了自学英语，张立勇还在艰难的环境下自学了法律、计算机等课程。他刻苦学习的经历激励了很多人，一时之间传为美谈。2004 年 10 月，中国共产主义青年团中央委员会向张立勇颁发了中国青年学习成才奖，他成为全国十大杰出学习青年之一，受到包括中央电视台在内的 100 多家媒体的采访和报道。

讨论：张立勇的成功归功于什么？

第一节 学习与学习力

一、学习的定义

学习，是指通过阅读、听讲、思考、研究、实践等途径获得知识和技能的过程。学习分为狭义学习与广义学习两种。狭义学习是指通过听讲、阅读、观察、研究、探索、理解、实验、实践等手段获得各种知识或技能的过程，是一种使个人在知识和技能、方法与过程、情感与价值等得到持续变化的行为方式。例如，通过学校教育、职业培训、自主学习等方式获得知识的过程。广义学习是指人在生活过程中，通过参与各种活动而获得经验的过程。

二、学习力概述

“学习力”一词最早是由美国系统动力学奠基人佛睿斯于1956年提出来的，20世纪后成为一项前沿的管理理论，受到越来越多的企业管理者的重视。学习力是学习动力、学习毅力、学习能力和学习创新力的综合，是人们获得知识、分享知识、使用知识和创造知识的能力，是动态衡量一个人综合素质和竞争力强弱的真正尺度。

学习动力是指自觉的内在驱动力，主要受学习目标，学习兴趣和学习动机的影响。

学习毅力，即学习意志，是指自觉地确定学习目标并支配其行为、克服困难实现预定学习目标的状态。它是学习行为的保持因素，在学习力中是一个不可或缺的要素。学习毅力主要是与一个人的心理素质、意志品质和价值观有关。

学习能力主要受智力、学习方法、学习技巧与学习策略的影响，是学习具有成效的关键。学习能力是所有能力的基础。一般学习能力是指在多种基本活动中表现出来的能力，如观察力、记忆力、抽象概括能力、注意力和理解能力等。

学习创新力主要来源于系统性的思考，是对知识的整合、应用、创造等，是学习的最高境界。

学习力的4个要素中既有智力因素，也有非智力因素，是相互联系、缺一不可的，它们共同构成了学习力整体。一个人只有同时具备了这4个要素，才能拥有真正的学习力。

有了学习的目标，只是具备了“能学”的动力；在目标的指引下有了学习动力仅仅具有了“能学”的力量；掌握了一定的学习方法、学习技巧和学习策略，表示具有了“能学”的可能性；能对所学知识进行系统的思考，并对知识进行整合、应用和创新就具备了“能学”的境界，只有同时具备了这4个要素才能说明一个人具备了学习力，才能成为一个善于学习的人。

三、学习力的判断

学习力的强弱主要体现在以下几个方面。

1. 更新观念的能力

一般来说，检验学习力强弱一是看对知识的掌握程度，二是看转变观念的能力，也就是思维方式。更新观念的能力可以让学习者紧跟时代发展。

2. 获取信息和知识的能力

在学习型组织理论中，有一个著名的公式，即 $L \geqslant C$，其含义是在知识经济社会中，学习（learning）速度要大于或等于变化（change）速度。学习力的竞争就是学习速度的竞争。

快速全面获取信息和知识的能力是强有力学习力的体现。

3. 创新实践能力

无论对企业还是对国家来说，创新实践能力都是唯一能够长期持续的竞争优势。符合实际、利于经济发展的创新实践能力是学习力的高级体现形式。

除了继承原有知识，通过学习创造新知识、运用新知识推动生产力发展，是大学生学习的根本目标。

第二节　学习的重要性

无论对企业还是个人，学习都是极其重要的。作家王蒙曾经说过：“一个人的实力绝大部分来自学习。”本领需要学习，机智与灵活反应也需要学习，健康的身心同样是学习的结果，学习可以增智，可以解惑，还可以明辨是非。

一、学习是拓宽视野的钥匙

无论在学习、工作还是生活中，我们都要强调和重视“拓宽视野”。牛顿说过：“如果说我比别人看得更远些，那是因为我站在了巨人的肩上。”《庄子·秋水》里说过：“井蛙不可以语于海者，拘于虚也。”牛顿之所以能够看得远，是因为站得高，视野开阔；井底之蛙认为天地只有井那般大，也是由于“视野”狭窄的原因，它为井口所局限，看不见天之广、地之大。在我们人生中，有许多未知的领域，而学习就如一把万能钥匙，可以为我们打开一扇扇大门，让我们开眼看见更广袤、更精彩的世界。

二、学习是照亮人生道路的灯塔

每个人在成长的道路上，都会遇到许多困惑、悖
道下步该如何做。当面临选择的痛苦时，可以去学习，
苦，启迪智慧，寻找答案。春秋时期的师旷在晋平公学
阳；壮而好学，如日中之光；老而好学，如炳烛之明。
像太阳，像烛火，像大海中的灯塔，让人们在黑暗中看清

学习不但意味着接受新知识，同时还要修正错误乃至……，才能避免陷入少知而迷、不知而盲、无知而乱的困境，才能克……、本领恐慌、本领落后的问题；否则，“盲人骑瞎马，夜半临深池”，不仅不能打开一番新局面，而且还有迷失方向的危险。

三、学习是自我认知的镜子

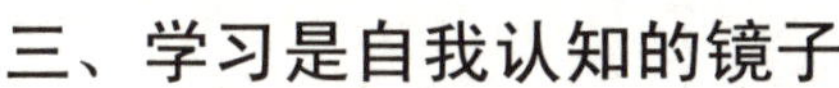

欧阳修说过：“修养品行，要从学习开始”。通过学习可以校正自己的世界观、人生观、价值观；能够看清自己的缺点和不足之处，帮助自己正衣冠、修形象。不通过学习来照“镜子”，就看不见自己的“污垢”，就难以辨清是非曲直；也只有通过照“镜子”，发现自己的污垢，才能主动地清除这些污垢。纵观历史，有许多人因为学习少了，照“镜子”少了，而看不见自己思想上的灰尘，看不见自己扭曲的人格，以致走上了不归路。

不断认识自己的无知是人类获得智慧的表现。学习给了我们一面时刻能够看清自己的镜子，让我们能够不断认识自我，得到校正，就如老子所言“知人者智，知己者明”。

四、学习是人类生存发展的推动力

学习是人生重要的使命之一，只有通过学习才具有生存的能力。学习是人类发展前进的推动力。在发展的历史进程中，人类经过不断的学习与实践的循环，积累了丰富的知识，创造了辉煌灿烂的人类文明。大家所熟知的狼孩的故事，就说明人类如果不经过后天的学习，在智力和能力方面比动物高明不了多少。通过学习，人类才具有知识与智慧，学习是人类生存发展的必由之路。

人类是知识的创造者、学习者和使用者，通过各种知识的学习与实验，使得人类提高了自身的生存能力和创造能力，并获得了巨大的发展。

五、学习是一种崇高的人生境界

人类通过学习自然与社会的知识，启迪心智，修炼心性，完善自我，加深对世界与人生的理解，丰富、充实精神世界，使人性得到更大的升华。学习是一种积极的人生态

步的阶梯。在学习的旅程中，人们不仅得到知识的收获，同时也在创
人生。

六、学习力决定企业竞争力

对企业来说，一定要努力建立自己的学习型组织，只有这样的组织才能使企业在未来的竞争中立于不败之地。企业要致力于提高整个企业组织的素质，要修炼成为学习型组织，从根本上提升企业的竞争力。

第三节　学习的途径

一、从课堂上学习

课堂学习是学生最常见的学习途径，是一种最直观、最有效的学习方法之一。课堂学习主要是在专业知识教师的引导下，通过视、听、说、实践等多重感官感知，通过语言、表情和身体语言的交流，促使学生掌握知识，提高能力，习得技能。

在学校期间的学习主要以课堂学习为主，能否做好课堂学习者，直接影响学习效果，进而影响整个人生。

有效的课堂学习需要充分的课前预习、专心的课堂听讲、有效的课后复习及检测。强烈的学习兴趣、积极的学习态度、对教师的尊重及对实现学习目标的渴望都会极大地影响课堂学习的效果。

二、从阅读中学习

阅读是最常用的学习方式之一。书籍是知识的主要载体。博览群书，能够开阔视野，拓展思路。在有限的时间里阅读有价值的好书是提高学习效率的开端。辨别发现富有价值的好书需要一定的功力。

识别优秀读物，不能被宣传炒作的表面文章绑架，一些装帧华丽，所谓流行的书刊，大多数是快餐式文化产物，只能给予浅层次的视觉享受，不一定能带给你真正的营养，能够滋养心智的图书才是真正的好书。在选择书籍时，要根据自己的学习目标，选择富有真知灼见的好书，以便得到实质性的帮助。

阅读只是学习知识的一部分。对于书中的观点，要运用自己的知识背景和评价体系，有选择地接受，不能全盘吸收，要去其糟粕，取其精华。

通过阅读，把书本知识变成自己的知识需要借助思考与行动的力量。通过自身的思

考，获得深刻的见解和实践所积累的经验，才真正拥有了自己的知识。这样不断地阅读思考与实践，就会逐渐形成自己的知识结构与评价体系，最后升华为自身的智慧与才能。

对于职场人士来说，最实用的读书法是专题式读书法。就是根据工作需要确定一个专题，选择一些与本专题相关的读物，从不同的角度学习，综合深入地研究某几个重点问题，达到学懂学通的目的。这种读书的方法比毫无目的的泛读法的效果要好很多。

快速阅读是提高阅读效率的关键，这需要经过认真刻苦的训练才能掌握。通过对信息的快速浏览检索，迅速发现有用的信息，并经过分析与处理，提取并掌握其中最关键的信息。很多人读书时虽然不出声，但是确存在逐字逐句的无声朗读，这种习惯会大大降低阅读的速度。无声阅读要经过眼睛—大脑—发音器官—眼睛的生理循环活动过程，才能获取信息。实际上，阅读只需要眼睛和大脑的信息处理环节就可以了。如果增加不必要的环节，势必降低了速度。快速阅读就是要减少信息处理的环节，结合浏览、跳读、略读等方法，减少无用信息的干扰，抓住主要信息，然后迅速吸收。

三、从实践中学习

知识不用于行动，很难获得真正的智慧。朱熹曾指出，“学之之博，未若知之之要；知之之要，未若行之之实”。这段话精辟地阐述了学习知识和实践之间的关系。

从业人员学习的最大特点是学习与工作紧密结合。在实际工作中经常会遇到难以解决的问题，于是在解决问题的过程中进行学习。学习的过程也是实践的过程，经过观察与思考，形成概念，并进行整理，再在新环境中进行验证，取得实践经验，这样就完成了一个解决问题和学习知识的循环过程。同时，在不断地分析问题、解决问题的过程中，不仅学到了实用的知识，也提高了解决问题的能力，使学习与工作互相促进，取得学习与工作的双丰收。

四、从信息海洋中学习

信息海洋是各种数据和材料的集合。信息并不完全等于知识，广泛传播的信息也并不完全都是知识，虽然其中包含很多有用的知识，但也包含大量的无用信息。信息的价值在于传播知识；否则，再大的信息量也可能是信息垃圾。信息需要经过思考、整理和分析、吸纳才会变成知识。

在浩如烟海的信息海洋中，发现知识的能力也是学会学习的重要内容。要获得有用的知识，首先要对信息源进行把关。每个人的时间和精力都是有限的，不可能无限制地接受各种各样的信息，所以对信息源的选择非常重要。这就好比在图书馆找书，选择哪本图书要根据你的目的来确定；然后确定一个范围，选择一种检索方式，再使用最快捷的方式找到你所需要的书，而不是翻阅看到的所有书目。可以根据工作或学习目标，为自己确定几个主要的信息源，比如你现阶段重点看哪几种类型的图书，关注哪些相关网站、公众号，使用哪些学习软件等，对于目标关系不大的信息来源要有所取舍。

对于比较重要的信息，要学会建立一套信息存储方式。可以采用传统的剪报的方式，可以利用计算机的录入与扫描的方式，也可以利用云空间或移动硬盘等进行存储信息。无论哪种存储方式，都要涉及一种分类检索的办法，便于在需要时能快速查找到所需信息。

最好能够记录下有关信息的来源与检索方式，用信息地图的方法提高利用信息的效率。

对于无用的信息尽量少放在脑子里，但是有用的知识必须存储在自己的大脑里，因为它是你精神世界的重要内容，是构成你的智慧的材料。

五、从职场社交中学习

俗话说“三人行必有我师”，在人才济济的职场中，无论是上司、同事，还是客户，只要在某一方面比你优秀，都是你学习与交流的对象。一个人应善于取人之长，补己之短；吸取他人的经验，增长自己的才干。

良好的职场社交，不仅能为你提供很多工作方面的帮助，同时也能提供很好的学习机会。人际交往中各种信息的交流，也是你获得知识的重要渠道。与优秀的职场人士交流，不仅可以学习到做人的品格，还可以进行学识方面的请教与交流。

在职场中向周围的人学习，可以激发自我学习的动力。因为周围的人大多数是与你条件或目标类似的人，相似性与可比性使得他们的成绩特别具有说服力，能够达到激励自己的目的。

通过社交活动，还可以拓展自我的视野与知识面。在与他人交流中，你可以去掉兴趣狭窄的缺点，扩大自身的爱好范围，提高自己的学习动力；同时，与志同道合的朋友的交往，还可以培养自己多方面的业余兴趣；在广泛的社交活动中，互相讨论切磋，共同学习，共同提高。

利用业余时间多与朋友进行一些与学习有关的活动，如去图书馆查阅资料，去博物馆增长见闻，陶冶情操。在这个过程中既能学习知识，还能增进彼此之间的交流，在相互学习中建立深厚的友谊。

六、从网络上学习

大众传播媒介为学习者提供了多种学习的方式。通过报纸、杂志、广播、电视、网络等传播媒介，信息与知识得到广泛而迅速的传播，为学习带来了极大的方便。每个人应充分利用现代传播媒介进行学习，通过灵活多样的学习方式获得更新的知识，提高学习的效果。

新兴的电子化学习方式与传统的学习方式相比，具有方便、快捷、互动自由、时空不受限制等特点；同时，互联网也为学习者构建了一个全球化的学习社区。通过虚拟的学习社区或者网校，学习者能够随时随地安排学习，活动时间和空间都不受限制。未来

的终身学习特别是在职学习，网上学习的比例将会大幅度提高。

当然，互联网除了提供非常宝贵的学习平台外，也充斥着大量的信息垃圾。如果毫无目的地网上漫游，抵制不住各种信息的诱惑或者干扰，就会被动地到处浏览，浪费大量时间，影响学习效率。现代媒介仅仅提供了新型的知识载体和学习方式，个人必须通过自主性学习，才能创造性地获取知识。

第四节 学习方法

一、传统式学习

广泛读书是传统学习方法中值得称道的一种。我们正处在知识爆炸的时代，各种书籍琳琅满目，为现代大学生广泛读书提供了平台。读书最重要的环节是要严格地选择书目，也就是选择学习内容，让有限的阅读发挥最大的学习效率，这样阅读才有更大的意义。

专业学习方面的阅读必须强调以下几点。首先，要认真阅读课本，做好读书笔记。许多学生认为把老师讲的记下来了，课本就不用读了，其实大学老师讲课的体系与课本的体系并不完全相同。课本的体系往往十分严谨，阅读课本是全面掌握基本知识的重要手段。其次，从老师推荐的参考书目中做挑选，阅读其中最为重要和经典的部分。最后，阅读与专业有关的权威信息，了解学科和专业、行业发展情况。

专业课之外的阅读是培养现代大学生人文素养和综合素质的重要手段。现代大学生要通过广泛读书来扩大知识面，加强个人修养。

选好了书目，读书的方法也有讲究，著名的历史学家吴晗说过，要读好书必须先打好基础，打好了基础才能在这个基础上做个别问题的研究；基础要求广，钻研则要求深。这很好地阐释了读书的方法关键，就是要处理好广读和深读的关系。对现代大学生来说，有些书是要精读的，达到熟读甚至背诵，如人文类书籍的精要部分；有些书是要研究性阅读的，必须边读边做笔记，将提纲、摘录、随想记录下来，以备后用，如专业类书籍，尤其是经典著作；有些书只需要泛读，甚至浏览即可。读书是为了运用，读什么，怎样读，哪些要广，哪些要精，都是以有用、有益为取舍标准的，这才是读活书而不是读死书。

二、研究型学习

研究型学习是一种学生主动探索问题，获取知识，应用知识，解决问题的学习方法与形式；也就是说，这是学生在老师的指导下，通过选择一定专题，以类似于科学研究的方式去获取知识和应用知识的一种学习方式。

研究型学习是以问题为线索的学习，其过程就是发现问题，提出问题，分析问题，解决问题，得出结论，在结论的基础上提出新问题，由此学习就上了一个新台阶。研究型学习是学习由任务变为需求，使学生由受众变为主导，以知识体系为线索的被动接受变为以问题为现实的主动吸取，是培养创造力的有效方法。

研究型学习的关键在于学会发现问题。低年级学生的学习，以课本知识为主，通过自己的阅读而在完整的知识体系中发现问题，这是比较困难的。这里，有两个发现问题的途径：一是老师授课中会对现有知识体系提出问题，学生可以就这些问题进行思考、研究，找出解决问题的办法；二是阅读学术文章，思考文章的论题是怎么提出来的，出自本学科知识内容的哪些部分，学生可以在老师的指导下将问题提炼成论题，然后进行分析解决，并在新的高度上再提出新问题。

研究型学习还要有获取资料的能力。例如，如何寻找工具书，如何在网上搜索资料，如何利用图书馆资源，如何运用调研和实验数据，如何发掘第一手资料等，这些能力的掌握，必须有较长时间的积累。

三、合作式学习

合作式学习，是指团队合作进行具有共同内容和目标的学习。合作式学习克服了个体学习中一元的认知和思考方向，通过多元知识的互补和多方向思考的博弈，形成综合的思想。这个过程是人际交流、知识融汇、思想碰撞的综合过程，既可以解决学习问题，又可以提高现代大学生的综合素质。

合作式学习是团队的一种活动。在高效率的团队活动中，最为关键的是成员之间的配合。成功的团队式学习，在很大程度上取决于配合的成功。这就要求每个团队成员都能够迅速找到自己在团队中的位置，并发挥不可替代的功能。通过合作式学习，学生既可以发挥自己的特长，又可以学习别人的特长，学习的积极性得以充分调动，学习能力也会得到不断提高。合作式学习还可以加强自我约束，提高学习效率。

合作式学习需要平台，如读书会、学术沙龙、探究式学习课堂及课题组、专业实践团队、学术性社团等。需要注意的是，同一平台的合作式学习不可过久，否则也会形成学习和思维定式，影响学习者的全面发展。因此，学习者要在不同时期选择不同平台，并且自己在平台中应不断转换角色，以便自身品质得以不断提高。

四、体验式学习

体验式学习是指在观察和实践过程中全面感悟知识的存在，更好地掌握和运用知识，并激起持续的学习动力。体验式学习能增强学习者知识的迁移水平，激发其创新意识。如大学生的各类实践活动就是典型的体验式学习，学生可以带着问题去调研，也可以在实践中发现新问题。实践活动打破了课堂知识体系，将不同学科、课程的不同知识点结

合运用，解决了一些实际问题。

体验式学习使浅层学习中的记忆变为深度学习中的理解和创新，并引发新的学习活动，是学习的基本能力向综合能力发展的良好平台，不仅让学习者学习效果显著，而且使之对学习能力的提高大有裨益。

第五节　学习力的培养策略与方法

学习力受智力因素和非智力因素的共同影响。当下许多高职学生学习力弱的原因是多方面的，主要是非智力因素。学习目标不明确、缺乏学习动力、对专业不感兴趣或学习方法不当是阻碍他们提升学习力的主要障碍。因此，大学生学习力的培养应该侧重于从以下几个非智力因素着手。

一、确立恰当的学习目标

马里兰大学教授洛克在 1968 年提出目标设置理论。该理论认为目标是个体行为的最直接的动机，设置合适的目标会使人产生希望达到该目标的成就需要，因而对人有强烈的激励作用。该理论认为任何目标都可以从三个维度来进行分析：第一，目标的具体程度，指目标能够被精确观察和测量的程度；第二，目标的难度，指目标实现的难易程度；第三，目标的可接受性，指人们接受和承诺目标及任务的指标程度。研究表明，从激励的效果出发，有目标比没有目标好；有具体的目标比有空泛的目标好；能被执行者接受而又有较高难度的目标，比唾手可得的目标更好。

在确立目标时，要遵从内心深处的意愿。反复询问自己：“我想要什么？”“我要干什么？”“我怎么做？”可以把这些问题的答案记录下来，进行分析；也可以参考信任的师长的分析建议。最后制定出切实可行的学习目标，并全力以赴执行计划。

二、培养真正的学习兴趣

大学阶段是人生最重要的成才关键期，要积极开阔视野，立定志向，培养真正的兴趣，为成功的人生与成功的职业生涯打下坚实的基础。

要客观地评估和寻找自己的兴趣所在，要把兴趣与业余爱好区分开。现实中，很多学生没有充分、客观地去评估和寻找自己的兴趣，错把业余时间喜欢干的一些事情当成了自己的兴趣。实际上，不管是学校的老师还是用人单位，关注的都是那些与工作和职业相关的兴趣，而不是你的业余爱好。

在大学校园里经常有对自己的专业不感兴趣或不满意的学生。因为这些大学生在参加高考和填报专业志愿时，很少有时间去思考自己的兴趣在哪里，也不了解专业和职业，或者根本就没有自主选择专业、学校的意识和权利。往往家长的意见和老师的建议成了大多数学生做决策的依据。等到进入大学以后，随着对所学专业的了解和思考的深入，很多学生发现自己对所学专业根本没有兴趣。而转专业不是一件容易的事情，绝大多数学生没有第二次选择自己喜欢的专业的机会。因此一些对所学专业不感兴趣，又不能够及时转专业的学生，经常在郁闷痛苦中度过，不仅虚度光阴，还产生了一系列影响自身健康、成长、成才等方面的问题。所以，大学生要尽量弄清楚哪些事情是自己有兴趣可做的，在这些事情中哪些是可以成为自己职业的。

尽量寻找兴趣和职业的最佳结合点。如果能把自己的兴趣与自己的职业相结合，是值得欣慰的事情。但是在现实中，很多人在开始职业生涯时，或开始大学专业学习时，并不是出自自己的兴趣。当我们的兴趣和专业不一致时，我们必须做出适当的调整和改变：一是要有足够的勇气放弃自己目前所学的专业或所从事的职业，去选择符合自己兴趣的；二是调整自己，尽量促使自己对所学专业或所从事的职业产生兴趣。尽量去培养自己对所学专业和所从事职业的兴趣是一种比较理智的选择。

三、激发适当的学习动机

动机是人们从事某件事情的真正原因和动力。在现实生活中，人的绝大多数有意识的行为都是受动机驱使的。在具有特定目标的活动中，动机涉及这种活动的全部内在机制，包括能量的激活，使活动指向一定目标及维持有组织的反应模式，直至活动的完成。

学习动机是在学习需要的基础上形成和发展起来的。学习的多样性决定了学习动机的复杂性。根据不同的分类标准，学习动机可分为内源性学习动机和外源性学习动机、近期直接性的动机与远期间接性的动机等。

内源性学习动机是由学习者对学习的需要、兴趣、愿望、好奇心、求知欲、理想、信念、人生观、价值观，以及其自尊心、自信心、责任感、义务感、成就感和荣誉感等内在因素转化而来的，具有更大的积极性、自觉性和主动性，对学习活动有着更大、更为持久的影响。

外源性学习动机是由外在诱因，如社会的需求、考试的压力、父母的奖励、老师的赞许、伙伴的认可、评优秀学生、获得荣誉称号和奖学金、报考理想的学校、求得理想的职业、追求令人向往和羡慕的社会地位等激发而来的，表现为心理上的压力和吸引力。外源性学习动机也是学习动机总体结构中的主要组成部分。外源性学习动机受外在诱因的影响，它随着外部条件的变化而变化，所以与内源性学习动机相比，外源性学习动机具有较强的指向性和较大的可变性。诱因发生了变化，外源性学习动机的强度也随之变化；如果得不到及时、有效的调节，则有可能表现为患得患失，影响学习效果。

当代大学生处于心智发展都比较成熟的阶段，对事物有着比较深刻的理解，对学习目的也有着比较清楚的认识，在这样的情况下，可以设定适合自己的远大的理想与职业目标，自发地去激发自己的学习动机，尤其是内源性学习动机，增强学习动力，更好地安排好自己在大学阶段的各项学习，主动提升自己的综合素质。

适当强度的学习动机，对学习力的培养有积极作用。有一些同学沉迷于网络游戏，无所事事，对于学习没有热情，勉强应付考试，这是一种明显的学习动机过弱的情形，直接导致学习有障碍，成绩平平甚至退学。也有一些同学对自己的要求过高，除学校规定的必修课外，还参加很多项目的学习，时间安排得很满，没有任何时间参与其他活动。一学期下来，课程成绩没有达到自己的要求，其他方面也没有进步，与同学关系也不好，产生了很强的挫败感。所以说，过弱或过强的学习动机对学习效果都有不利的影响，大学生要学会对自己学习的动机进行评估与监督，把自己的学习动机调整在适度的水平上，以促进学习效果与学习力的提升。

四、培养持久的意志力

意志作为意识的能动方面，也是通过行为表现出来的。意志行为是有意识的、自觉的、有目的的行为。动机和意志互相区别，又彼此联系。意志是有意识的支配、调节行动，通过克服困难以实现预定的目标的心理过程。一般来说，只有当产生了动机，同时实现动机的行为遇到困难时，才能看出意志力来。动机行为可能遇到内部的困难，也可能遇到外部困难。

对在校大学生来说，这两类困难都是存在的。例如，来自就业市场的压力、贫困学生经济上的困难等就属于外部困难；在正确处理学业与课外活动的关系问题上所遇到的困难就属于内部困难。

在培养学习力的过程中，增加学习的意志力就是要求学生在学习上遇到困难时，采取更多的意志行动，培养能持之以恒的意志力。在一定程度上，人才之间的竞争很大程度上在于意志力的竞争：在同样的情形中，谁有更强的意志力，谁就是最后的胜利者。

五、学会创造性学习

传统的学习大多数属于继承性学习，重视理论知识和前人的经验，属于以继承为主的接受式学习。这种学习方法保持了人类知识的积累与延续，但是也存在很多不足。继承性学习的目标重点在于借鉴过去的知识为现在所用，学习内容与形式比较单调，效率较低，难以适应现代社会的学习要求。

现代职业人的学习应该是创造性学习。学习目标应着眼于未来发展，有选择地学习传统的知识与经验，采用科学高效的学习方法，充分发挥自主性，重在对未知领域的探索进行创造性的应用，以适应知识型社会的需求。

学习首先是一个接受信息的过程，信息通过人的感觉器官带给大脑刺激，经过大脑的处理过程，形成各种各样的知识。科学研究证明在传递信息的过程中，普通的刺激形式所发挥的作用是有所不同的。视觉能够传递83%的信息量，听觉传递的信息量在11%左右。根据每个人的个体差异，在接受信息方面，有视觉型和听觉型两种。视觉型的人对文字信息比较敏感；听觉型的人对讲课、谈话所传递的信息接受效率比较高。现代的学习者应对自己进行学习类型的分析，确定适合自己的学习方式，提高学习效率，获得更好的学习效果。同时，学习者应自由安排学习的时间与进度，在学习的过程中自觉地结合工作经验，发现潜能，发挥自身的创造性，实现更大的价值。

六、学会终身学习

未来的社会是学习化的社会，学习是每一个职业人必须终身努力付诸实施的事情。从终身学习的角度来讲，每一个职业人都要给自己制定符合未来发展的学习生涯计划，不仅是为了适应目前的工作需要，还要为未来的职业目标而学习。从一定意义上讲，一个人的学习生涯决定其职业生涯，只有不断学习，才能在未来发展中不被激烈竞争所淘汰。

知识经济时代意味着“学历”时代的终结和“学力”时代的来临。衡量职业水平的标准已经不能依据证明学校教育知识水平的文凭，而是在实践中能够不断地更新知识、适应新变化、迅速掌握知识的学习能力。学习能力的高低，将取代文凭的作用。据调查统计，一个大学生在校获得知识的5%～10%是将来必需的，而90%～95%的知识是在工作以后的工作学习环境中获得的。这个结论印证了知识折旧的定律：现代人如果一年不学习，所拥有的全部知识，就会折旧 80%。任何一个人在学校求学阶段所获得的知识不过是其一生所学的 10%，甚至不到 10%，其他 90%以上的知识都必须从离开学校之后的自学中不断获取。

因此，大学生告别了校园，走向职场，就会立刻进入社会的大学之中。只有坚持不懈地继续学习，做到终身学习，才能使自己成为适合社会发展的职业人才。

七、学会自主学习

所谓自主学习，是指学习者在学习活动中自己主宰学习内容，积极主动地参与学习过程，积极主动地探求科学文化知识，不断提高其自学能力，养成自主、自觉、自律、自强的习惯。其内涵可理解为学习者必须主动地、有主见地、有见解地学习。

进入大学后，由于大学生拥有更多的自由支配时间和更多的自主权，一个缺乏自觉性的学生，学习上是非常容易滑坡的。如果没有学习的自觉性，即便头脑聪明，基础不错，在学习上也不可能有进展和收获。所以，大学阶段如果能排除对学习的种种干扰，掌握学习主动性，进行自主学习，就能沿着“我会学、我学会、我学好”的轨迹发展。

一个人的成才，其主要因素在于后天努力。因为才干不是天生的东西，也不是某些人的专利品。成就的取得，要靠后天学习，特别要靠自主学习。早慧未必都能成才，而大器晚成也大有人在，关键在于有没有学习的自觉性，有没有掌握好学习的自主原则和方法。

当今社会，科学技术飞速发展，出现了“信息爆炸”“知识爆炸”，知识更新节奏加快，信息量猛增，要求每个人终身学习，善于不断更新知识。同时，随着教学改革的发

展，特别是计算机和网络进入教学领域，信息化环境的不断完善，扩展了大学生自学的时间和空间，扩大了大学生自学的活动范围，从而自主学习在大学生的学习中所占比例越来越大。具备这种能力的大学生具有强烈的求知欲，能够合理地安排自己的学习活动，具有刻苦钻研的精神，并且能够对自己的学习效果进行科学评价。有了一定的自主学习能力，大学生就不再是被动接受知识的机器，而是能用科学的方法主动探求知识、敢于质疑问难、个性充分发展的学习的主人。

课后任务

一、思考问题

1. 学习方法包括哪几种？
2. 怎样培养学习力？
3. 怎样培养自主学习能力？

二、拓展实践

不同的人有不同的学习风格。学习风格没有好坏之分，只是个体差异。了解自己的学习风格，有助于探索高效的学习方法和进行创造性学习。

做一下下面的测试题。测试结果或许能让你明白，为什么有些学习行为对你来说毫无意义，而有些学习行为对你来说效果明显。答题时，不要仔细考虑，就选择第一时间出现在你脑海中的选项，并把选项记录下来。

1. 你愿意采用哪种方式了解计算机是如何工作的？

A. 看一部这方面的电影

B. 听老师的解释

C. 把计算机拆开并试图自己发现规律

2. 为了寻找乐趣，你喜欢阅读什么样的书？

A. 带有很多图片的旅游用书

B. 有很多对话的神秘的书

C. 你能回答问题和解谜的书

3. 当你不能确定如何拼写一个单词时，你最可能做什么？

A. 把它写出来，看它是否像是对的

B. 把它读出来

C. 查词典

4. 你参加了一次宴会，第二天你最有可能回忆起什么？

A. 参加宴会的人的面孔，而不是名字

B. 参加宴会的人的名字，而不是面孔

C. 在宴会上你所做的事和说的话

5. 为了准备考试，你会如何学习？

A. 读笔记，读标题，看图式和图解

B. 让别人问你问题或者默默对自己复述一些事实要点

C. 在记录卡片上记录并设计模型和图式

6. 当你看到单词dog，你首先想到什么？

A. 想到一张特定的狗的图片

B. 默默对自己说dog这个单词

C. 出现一种牵着狗的感觉，抚摸它，遛狗等

7. 当你想集中精力时，你觉得最让人分心的是什么？

A. 视觉干扰

B. 噪声

C. 其他一些感觉，如饥饿、鞋子紧或担心等

8. 你喜欢用什么样的方式解决问题？

A. 列一个清单，把每一步组织好后进行检查

B. 打一些电话，跟朋友或专家聊一聊

C. 设计一个问题的模型，在头脑中把所有的步骤演练一遍

9. 在电影院门口排长队时，你最有可能做什么事？

A. 看其他电影的广告宣传海报

B. 跟站在边上的人聊天

C. 跺脚或者用其他方式慢慢向前移动

10. 你刚进入一家科学博物馆，你会首先做什么？

A. 四下张望，找一个显示不同展位的地图

B. 向博物馆的向导咨询请教有关展览的事情

C. 先走进一个看着有趣的展位以后再看说明

11. 当你生气的时候，你最有可能做什么？

A. 沉着脸

B. 喊叫或大发雷霆

C. 跺着脚出去并甩门

12. 当你高兴的时候，你最有可能做什么？

A. 露齿而笑

B. 高兴地喊叫

C. 高兴地跳起来

13. 你愿意参加什么兴趣班？

A. 艺术班

B. 音乐班

C. 体操班

14. 当你听音乐会时你会做什么？

A. 白日梦

B. 哼起来

C. 随音乐活动跺脚等

15. 你会怎样来讲一个故事？

A. 写出来

B. 大声讲出来

C. 把它扮演出来

16. 哪种餐馆，你可能不愿意进去？

A. 灯太亮的

B. 音乐声音太大的

C. 椅子不舒服的

做完之后，数一数，你选择的 A 有多少个，B 有多少个，C 有多少个。这就是你的学习风格。

（1）大部分选 A 的人，可能是视觉型学习者，善于通过观察来学习。

（2）大部分选 B 的人，可能是听觉型学习者，乐于通过听来学习。

（3）大部分选 C 的人，可能是动作型与触觉型学习者，通过触摸和行动来学习。

据研究，大约 30%的人属于听觉型学习者，40%属于视觉型学习者，15%属于动作型学习者，15%属于触觉型学习者。

第四章

人际沟通

【知识目标】

1. 掌握沟通的基本原则。
2. 掌握非语言沟通的技巧。
3. 学会合理赞美他人的方法。

【导入案例】

国王最宠爱的小公主生病了，她告诉国王，如果她能拥有月亮，病就立刻好了。于是国王马上召集全国的能人，让他们不计代价为公主弄来月亮。

大臣说月亮远在三万里之外，比公主房间还大，没有办法弄回来。

魔法师说月亮远在五万里之外，比皇宫还大，没法弄回来。

数学家说月亮远在十万里之外，有半个王国大，没有办法弄回来。

国王无比气恼却又无可奈何，只好暂时请小丑来给小公主表演解闷。

小丑问明了事情的原委，得出一个结论：每个人都是按照自己的想法来定义月亮的。月亮的大小取决于人们的想法。所以他决定去问问小公主，她心目中的月亮是什么样子的。

小丑来到公主的房间问她道："你要的月亮有多大呢？"

小公主说："比我拇指的指甲小一点。因为我只要把拇指的指甲对着月亮就可以把它遮住了。"

小丑又问道："那么它有多远呢？"

小公主说："没有窗外的那棵大树高。因为它会卡在树梢那里。"

小丑再问："那它是用什么做的呢？"

小公主说："当然是金子呀！"

小丑立刻找来金匠，用金子做了一个比拇指指甲小的月亮，用链子穿起来，比树还矮，把它当作项链送给了小公主。兴高采烈的小公主果然病就好了。

讨论：面对同样的问题，小丑为什么会找到解决方法？

第一节 人际沟通概述

一、沟通的含义

沟通从词源上讲，原指开沟而使两水相通，后泛指彼此相通，是人们彼此分享交换信息、思想和情感的双向交流过程。

沟通过程不仅包含口头语言和书面语言，也包含形体语言，个人的习惯和方式、物质环境，即赋予信息含义的任何东西。沟通分为信息发射、信息传递、信息接收和信息反馈四个过程。信息发射通常有3种形式：言语、非言语、书面。这些信息会通过一定的渠道，如面对面交谈、电话交流、会议、演讲等传递给他人。当他人接收到这些信息后，会对这些信息进行重新解释，并对信息发出者提供言语的、非言语的或书面的反馈。在实际的沟通过程中，沟通双方往往交替成为信息的发出者和接收者，并发生互动。

从沟通效果上讲，沟通存在着有效沟通与无效沟通两种；从沟通的方式上讲，沟通包括语言沟通和非语言沟通两种。语言沟通包括口头和书面语沟通，非语言沟通包括声音、语气、肢体动作沟通，而有效沟通往往是语言沟通和非语言沟通的结合。

二、沟通的重要性

沟通在人与人的交往过程中发挥着重要作用。

1. 沟通可以满足人的心灵需求

人是社会性的动物，不能脱离其他个体而存在。每个人都有与人沟通、被人倾听和理解的心理需求，如果失去了人与人沟通的机会，人们会出现一些生理症状，如产生幻觉，丧失运动技能，从而心理失调，产生孤独、焦虑、抑郁等不良情绪。

2. 沟通是建立和谐人际关系的桥梁

社会心理学家研究表明，人和人的熟悉能增加相互之间的好感，而沟通是增加熟悉感的最佳途径。沟通能帮助人们消除人和人之间的误解并积累重要的人脉关系，从而为自己的事业成功打下基础。

3. 沟通是有效决策的基础

我们在生活中总是进行着大大小小的各种决策，有的决策可能无关紧要，然而有的决策则对我们的生活至关重要，甚至可能改变我们的一生。人的知识经验是有限的，如果完全依靠自己判断的决策很可能有所偏颇，这时与他人的沟通就显得至关重要，因为沟通可以促进信息交换，扩展我们看问题的广度和深度，为正确的决策打下基础。

4. 沟通是取得理解与支持的法宝

理解给人安慰，支持给人力量。获得理解与支持，最直接的方法就是沟通，对个人而言每个人都渴望被理解，尤其当自己的想法和愿望与他人不一致时。对组织而言，沟通也是确保组织目标顺利实现的关键因素之一。

三、人际沟通能力

人际沟通能力指一个人与他人有效地进行沟通信息的能力，包括外在技巧和内在动因。其中，恰如其分和沟通效益是人们判断沟通能力的基本尺度。恰如其分指沟通行为符合沟通情境和彼此相互关系的标准或期望；沟通效益则指沟通活动在功能上达到了预期的目标，或者满足了沟通者的需要。

从表面上来看，沟通能力似乎就是一种能说会道的能力，而实际上它包罗了一个从穿衣打扮到言谈举止等一切行为的能力。一个具有良好沟通能力的人，他可以将自己所拥有的专业知识及专业能力进行充分的发挥，并能给对方留下深刻印象。

四、人际沟通能力的重要性

一个人的发展取决于和他直接或间接进行交往的其他一切人的发展。因此，沟通能力是一个人生存与发展的必备能力，也是决定一个人成功的必要条件。

1. 职业工作需要沟通能力

各行各业，无论是会计、社会工作者、工程师，还是医生、护士、教师、推销员，具备沟通的技能都非常重要。

2. 社会活动需要沟通能力

人们在生活中每时每刻都离不开实践活动，总不免要与他人沟通。但是，沟通本身也不是非常容易的事。要向他人表达一个意思，始终说不清楚；要为他人办一件好事，但有可能弄巧成拙；本来想与他人解除原有的隔阂，但可能弄得更僵。因此，在实践活动中每个人需要有一定的沟通能力。

3. 沟通也是个人身心健康的保证

与家人沟通，能使你享受天伦之乐；与恋人沟通，能使你品尝到爱情的甘甜；在孤独时，沟通会使你得到安慰；在忧愁时，沟通会使你得到快乐。英国著名文学家、哲学

家培根有句名言：如果把快乐告诉朋友，你将获得两个快乐；如果你把忧愁向朋友倾吐，你将被分担一半忧愁。

第二节 有效沟通的基本原则

托马斯·弗里德曼曾经说过："21 世纪的青年不学会沟通无法生存。"实现与他人的有效沟通，要遵循基本原则。

1. 真诚相待，诚实守信

真诚是指一个人待人的态度，对他人的关心和尊重，是发自内心的而不是虚情假意的。在与人沟通时，一方面要真诚待人，襟怀坦荡；另一方面要言必行，行必果，承诺的事情要尽量做到。这样才能赢得别人的信任，建立深厚的友谊。

2. 善于团结，学会合作

善于团结，乐于沟通是一个优秀从业者的基本素质。一个不愿意沟通，不能团结，不会合作的人，基本上不能成大业。一个组织、一个团队要赢得荣誉，取得成就，就必须沟通顺畅，团结合作。

3. 平等待人，相互尊重

平等待人，是指在交往和沟通过程中，双方在人格上是平等的。彼此尊重是友谊的基础，是两心相通的桥梁。尊重不是单方面的，双方既要自尊，又要彼此尊重。平等主要是沟通双方在态度上坚持平等的沟通原则，要正确估价自己，不要光看自己的优点，不能居高临下、盛气凌人，要尊重他人的自尊心和感情。

4. 宽容体谅，换位思考

在与人相处时，应当严于律己，宽以待人，要接受对方的差异，交往中对别人要有宽容之心，能够体谅别人的难处。另外，在沟通中往往需要换位思考，要善于从对方的角度认知对方的思想观念和处事方式，设身处地地体会对方的情感和发现对方处理问题的独特个性和方式等，从而真正理解对方，找到最恰当的沟通和解决问题的办法。善于从对方的角度去理解对方，才能在沟通中获得对方的尊重。

第三节 提高沟通能力的策略

一、积极有效的倾听

（一）倾听的意义

谈到沟通，许多人很快想到的是如何说、怎样表达，很少有人想到倾听。从小到大，我们有不少机会去练习如何去说、如何去写，却很少有时间来学习如何去倾听。在这个广泛交往无处不在的时代，倾听比以前任何一个时代都更为重要。医生要倾听病人的谈话，才能了解病情，从而对症下药；销售员要倾听顾客的描述，才能清楚客户的需求，从而提供满意的服务；企业主管必须倾听下属的报告，才能拟定对策、解决问题。人人都需要倾听以便与别人沟通，可是“喜欢说，不喜欢听”乃人之常情。因此，我们都要学会倾听。

具体来说，倾听的重要价值主要体现在以下 5 个方面。

1. 倾听可以获取重要的信息

有人说，一个随时都在认真倾听他人讲话的人，在与别人的闲谈中就可能成为一个信息的富翁。此外，通过倾听我们可以了解对方要传达的信息，同时感受到对方的感情。

2. 倾听可以掩盖自身的弱点

俗话说“言多必失”，意思是话讲多了往往会有失误，容易弄巧成拙。对于善言者如此，对于不善表达者就更是如此。所以，当我们对事件、情况不了解、不熟悉、不明白的时候，适时地保持沉默、多听多想不失为一个明智的选择。

3. 倾听可以激发对方谈话的欲望

我们在日常交往中都有这样的感受，当我们兴致勃勃地向某个人做表达的时候，如果对方意兴阑珊，你立刻就会发现自己表达的欲望迅速下降，甚至完全失去继续交流的兴趣。反之，如果对方非常认真地倾听，你会感觉到对方很重视自己、对自己的话题很感兴趣，这种感觉会促使你进一步表达和交流。当然，好的倾听者还能激发和启发谈话者更多、更敏捷的思考和表达，双方都会获益良多，并且心情愉快。

4. 会倾听的人才能更会表达

我们只有从倾听当中捕捉到表达者要传达的重要信息，才能在接下来的表达中言之有物、言之有益。在认真倾听的过程中，我们也能学到什么样的表达是更能让人接受和认同的。

5. 倾听可以使倾听者获得友谊和信任

如果在表达的时候被别人认真倾听，表达者会感受到被尊重、被接受、被喜爱。这些感受都会使人们更愿意靠近那个给予这种感受的个体。如果还能够感到被深深地理解的话，那真的会带来“酒逢知己千杯少”般的快乐和满足。在这个强调自我和个性的时代，在很多人都用说话来体现自己独特部分的时候，学会倾听，恰恰让我们有能力给别人搭建起一个自我展示的舞台，这当然容易得到别人的好感和认同，获得友谊和信任。

（二）倾听的技巧

1. 消除干扰

来自外在和内在的各种干扰是妨碍倾听的主要因素。要倾听，就得尽可能地消除干扰，尽量保持环境的安静，如把手机等调成静音状态。另外，要把注意力完全放在对方的身上，才能掌握对方的肢体语言，明白对方说了什么、没说什么，以及对方的话所代表的情感与意义。

2. 对方优先

对方优先包含两层意思，一是让对方先说，首先倾听别人说话，会让对方觉得我们很尊重他的意见，有助于我们建立融洽的关系，彼此接纳。其次，鼓励对方先开口，可以降低谈话中的竞争意味。最后，对方先提出他的看法，你就有机会在表达自己的意见之前掌握双方意见的共同点，使你更容易说服对方。二是避免打断他人的谈话。善于听别人说话，不会因为自己想强调一些细枝末节就随便打断对方的话。经常打断别人说话，就表示我们不善于听人说话，礼貌不周，很难和人沟通。

3. 注意观察

注意观察主要体现在下列 3 个方面。

1）观察肢体语言

说话人内心的感觉往往会通过肢体语言清清楚楚地表现出来。倾听者如果态度封闭或冷淡，说话者就不愿意敞开心扉。相反，如果听话人的态度开放、兴趣浓厚，就表示他愿意接纳对方，很想了解对方的想法，说话的人就会受到鼓励。正面的肢体语言，包括自然的微笑，不要双臂交叉，手不要放在脸上，身体稍稍前倾，常常看对方的眼睛，点头等。

2）保持适当距离

每个人都会有自己的心理领土和心理空间。交谈时，如果对方没有保持适当距离而进入了人们的这一心理空间，人们就会感到不舒服，有被侵犯的感觉。倾听时，尊重他人的心理空间，保持适当距离，会让他人感到更安全、更舒适，表达起来也会更放松。

3）注意暗示信息

很多人都不敢直接说出自己真正的想法和感觉，往往会运用各种暗示来表达自己内心的看法和感受。但是这种暗示性的说法会妨碍沟通，因为如果遇到不善于倾听的听众，就会曲解谈话者的用意和内容，从而导致双方的误解或引发言语上的冲突。所以一旦遇到暗示性强烈的话，就应该鼓励说话人再把话说得清楚一点。

4. 听、说关键词

关键词就是描绘具体事实的核心字眼，透过关键词可以看出对方的兴趣和情绪，看出对方喜欢的话题以及说话者对听话者的信任程度。另外，找出对方谈话中的关键词，也可以帮助我们决定如何响应对方的说法。如果我们在自己提出来的问题和感想中加入对方所说的关键内容，对方就可以感觉你对他所说的话很感兴趣或很关心。

5. 关注重点

关注重点就是要抓住主要意思，不要被个别细节所吸引。善于倾听的人总是注意分析哪些内容是主要的，哪些内容是次要的，以便抓住事实背后的主要信息，避免造成误解。

6. 鼓励他人

鼓励他人，首先要重复他人说话的内容，这样可以让对方知道我们一直在听他说话，而且听懂了他所说的话，但是这种反应式倾听并不是简单地复述，而是应该用自己的话简要诉说对方的重点。

鼓励他人还要体会对方的情绪。将对方的话背后的情感复述出来，表示接受并了解他的感觉。

鼓励他人，还需要注意反馈。通过对方的反馈查证自己是否了解对方。

鼓励他人最直接、有效的方式就是微笑。

7. 适时总结

和人谈话的时候，可以在心里回顾一下对方的话，整理出其中的重点所在，并且在心中熟记这些重点和想法，暗中回顾并整理可以帮助我们继续提出问题。

8. 理解他人

无法接受说话者的观点，就会错过很多机会，而且无法和对方建立融洽的关系。当说话的人对事情的看法与感受，甚至所得到的结论都和我们不同的时候，我们也要尊重他的想法。如果我们一直无法接受对方的观点，我们就很难和对方彼此接纳或共同建立

融洽的关系。

9. 善于提问

在沟通上，有效提问是倾听的前提。要了解对方的真实想法，首先要学会提问，通过提问去获得自己想知道的事情。一个好的问题使人乐意回答，而愚蠢的问题会使人感到好笑甚至反感。

提问有两种类型：封闭式提问和开放式提问。封闭式提问是指可以用简单事实来回答的问题，如你喜欢旅游吗？你是哪所学校毕业的？开放式提问是指不能简单用“是”“否”来回答的问题，如你喜欢你工作的哪些方面？你最近遇到了什么样的问题？一般来说封闭式提问用于寻求事实，不利于进行良好、持久的沟通。因此要锻炼自己学会开放式提问的技巧，做一个善于提问的人。善于提问的人通常会做到以下几点。

① 避免提无用的问题。这些问题除了了解基本事实外，无法带来更多的信息。

② 少用“为什么”来提问。这类问题含有责备语气，容易引起别人的戒备心。

③ 避免把提问变成审讯。

④ 学会使用探索性的提问，即针对对方的回答进行进一步的提问，以便获得更多信息。

⑤ 用问话帮助说话者澄清不太明确的表达。

⑥ 避免提具有挑战性的问题。

（三）良好的倾听态度

当我们懂得了倾听的重要意义之后，还得要有良好的倾听态度，包括安静、耐心和关心。

1. 良好的倾听需要安静

倾听时应保持安静，只有在安静的环境当中，我们才能听清楚表达者在说什么，才不会遗漏重要的信息；也只有当听众安静地倾听时，讲话的人才能感受到自己的表达是受欢迎的。保持安静，需要听众不插话、不跟周围人窃窃私语、不用身体的其他部位发出声音，如跺脚声、手拉动椅子的声音等。

2. 良好的倾听需要耐心

案例

一个顾客急匆匆地来到某营业厅的收银台。顾客说：“你好，刚才你算错了100元……”收银台的小姐满脸不高兴地说：“你刚才为什么不点清楚，银货两讫，概不负责！”顾客说：“那就谢谢你多给了我100元。”顾客扬长而去，收银台小姐目瞪口呆。

有些人在倾听的过程中过于心急，经常在说话者暂停时插话，或者在说话者思考的时候自以为是地替别人讲话；有些人在别人还没有说完的时候就迫不及待地打断对方，或者口里没说心里早就已经不耐烦了，这样往往不能把对方的意思听懂、听全。于是我们经常听到别人这样说："你等我把话说完，好不好？"所以，在倾听的时候，不要打断对方的话，学会克制自己，特别是当你想发表自己的意见的时候；不要一开始就假设自己明白了他人的问题，在听完之后，可以问一句"你的意思是……""我没理解错的话，你需要……"，以便印证你所听到的是否与对方表达的相一致。

3. 良好的倾听需要用心

案例

一位汽车推销员，有一次向顾客推荐一种新型车，他热忱接待，并详尽地为客人介绍了车子的性能、优点。客人很满意，准备办理购买手续。岂料，从展厅去办公室的短短几分钟后，突然决定不买了，马上就要成交的生意就这样丢了。

推销员不明白这位顾客为什么会突然变卦。他回忆着自己说过的每一句话，并没有发现有讲错的地方，也没有冒犯顾客的地方，真是百思不得其解。最后，他忍不住给那位顾客拨了电话，询问原因。顾客告诉他："今天你并没有用心听我说话。就在我签字之前，我提到我儿子即将进入密歇根大学就读，我还跟你说到他喜欢赛车和他将来的抱负，我以他为荣。可你根本没听我说这些话，你只顾推销自己的汽车，根本不在乎我说什么。我不愿意从一个不尊重我的人手里买东西!"

原来，那位顾客的儿子考上了名牌大学，全家人异常高兴，并决定凑钱买辆跑车送给儿子。顾客谈话中数次提及儿子，而他却一味强调车子。

这位推销员恍然大悟。他从此引以为戒，外出推销时不仅带上自己的"嘴巴"，更带上自己的"耳朵"，带上感情、爱心。

要带着真正的兴趣听对方在说什么；要理解对方说的话；让说话的人在你脑海里占据最重要的位置；始终同讲话者保持目光接触，不断地点头，不时地说"嗯""啊"等。

（四）倾听的内容

倾听的过程中，我们要关注的内容是非常丰富的。首先，当然是说话者的语言内容。但不止于此，除了话语，我们还要关注说话者的表情和肢体动作，因为这两者往往是在用特殊的方式表达，在某些情况下，表达出的信息，甚至比话语更加准确和真实。

1. 倾听要专注于表达者的主要观点

倾听时，要将精力集中在捕捉信息的精髓上面，理解表达者观点中的重点。

2. 倾听要善于听出弦外之意

案例

第二次世界大战中期，东条英机出任日本首相。此事是秘密决定的，各报记者都很想探得秘密，于是竭力采访参加会议的大臣，却一无所获。有位记者用心研究了大臣们的心理定式：谁都不会说出由谁出任首相。如果问题提得巧妙，对方会不自觉地露出某种迹象，从而有可能探得秘密。于是，他向一位参加会议的大臣提出一个问题：出任首相的人是不是秃子？

当时，日本首相有三名候选人：一个是秃子，一个是满头白发，一个是半秃顶，这个半秃顶的就是东条英机。在这看似无意的闲谈中，大臣没有想到其中暗藏玄机，因为他在听到问题之后，神色有些犹豫，没有直接回答问题。聪明的记者从这一瞬间，就推断出最后的答案，获得了独家新闻。因为对方停顿下来，肯定是在思考：半秃顶是否属于秃子？

不是所有的表达者都愿意把自己的真实观点和想法直接用语言表达出来的，这时，就需要倾听者能听出表达者的弦外之音。

3. 倾听时要关注表达者的表情语言和肢体语言

完整而有效的倾听，不仅在于清楚地把握表达者真正想要表达的主要观点，还要通过表情、语气语调、手势动作等更好地理解表达者内心的真实感受。更重要的是，对于有着良好社会化能力的个体，当他们不想直接说出自己的真实想法的时候，语言是可以伪装的，所谓“言不由衷”就是如此，但面部表情、语气语调、身体姿势等却很难作假，尤其是身体姿势。所以，如果我们希望自己能成为一个高效的倾听者，那么还要学会在倾听的时候关注表达者这些非言语的部分，并能够理解这些非言语部分所表达的含义。

二、学会赞美

赞美是同批评、反对、厌恶等相对的一种积极的处世态度和行为。一个人不管是通过语言还是通过行为，只要表达出对别人的优点和长处真诚的肯定和喜爱，都可以说是赞美。赞美是一种正大光明的处世艺术。

有些人做出了非凡的成绩，然而由于对赞美存在误解，惰于说别人的好话，得不到别人的喜爱和欢迎。缺乏赞美艺术，正如鸟之失去两翼，不能展翅高飞。

美国著名心理学家威廉•詹姆斯研究发现：“人类本性中最深刻的渴求就是受到赞美。”那么应如何去赞美别人呢？

1. 需要了解他人的心理

赞美本质上是通过一方颇具处世艺术的语言来实现对方心理上的满足，从而取得双方心理上的沟通。了解他人心理是赞美的前提条件，是否了解他人的心理决定了你的赞美是否恰当，成效是否明显，也是衡量你赞美水平高低的标准。每个人都有自己的优点和缺点，但在自己信任的人面前，总是把自己最好的部分展现给对方，你只有谙熟对方的心理，才能辨别其优缺点，你的赞美才能准确定位，并尽可能触及其最美的那一部分，对方在欣喜之余，会视你为知己，继续向你坦露心怀，使你不断捕捉赞美的闪光点，你的赞美才更加慷慨、得体、游刃有余。

赞美水平是高是低，慷慨与否，不在于你说话多少，关键在于你能否抓住对方心理，对症下药，动之以情。

2. 需要能够坦然地欣赏别人的优点和成绩

优点和成绩是赞美的主要内容。对于自己的优点和长处，每个人都会把它摆到最显眼的位置，以求得到别人的认可和评价，以期获得赞美。能否慷慨地赞美别人的优点和成绩，关键是看能否坦然地接受别人的过人之处。如果一看到别人的优点就心里堵得慌，嫉妒心作怪，就不可能发自内心地赞美别人。

坦然地欣赏别人的优点和长处，关键就是一个思想态度的问题。其一，别人的某些优点和长处是天生的，不以人的后天意志和努力为转移的，如身高、长相、智商等，不必耿耿于怀，而且你可以用别的方面的优点来弥补。其二，面对他人的成绩，我们应当虚心求教，向他学习。不仅是对他成绩的一种高度赞扬，而且可以使自己获得进步。这不仅利于提高自己的实际技术水平，还助于提高你的处世水平。

3. 需要宽广的胸怀

善于赞美别人的人需要宽广的胸怀。赞美需要谦虚。孔子曾说过：“三人行，必有我师焉。”任何一个人都有比我们强的地方，有别人无法企及的优点，都有我们值得学习的地方。而这些正是他们的可赞之处。从你的赞美中，他获取了一种优厚的精神报酬，你同时给了他继续奋进的动力。

赞美别人需要有容纳别人的弱点和缺点的气量。王旦和寇准都是宋真宗时的重臣，一同执掌朝政。王旦老成持重，宽仁练达；寇准则刚直果断，敢作敢为。王旦每次拜见宋真宗，一定要称赞寇准的才干；可是寇准却多次揭王旦的短处。宋真宗对王旦说：“你虽然在我面前谈论寇准的美德，可他却专爱说你的坏处。”王旦检讨说：“我在相位时间长，缺漏失误一定很多。寇准对陛下什么也不隐瞒，这正是我看重他的原因！”宋真宗听后很佩服王旦的宽广胸怀和高尚品德，越发信任他。

只有胸怀宽广的人，才会慷慨地给予别人以赞美，以谦虚、诚恳的态度客观地评价他人、赞美他人。

4. 需要有远见卓识

赞美不仅要符合眼前的实际，而且要高瞻远瞩，具有一定的前瞻性和预见性，提升你赞美的高度，经得起推敲和时间的考验。赞美别人的远见卓识主要体现在以下几个方面。

（1）要把赞美的眼光放长放远，使自己的赞美能经受得住时间的检验。

（2）赞美别人要站在一定的高度上，只有站得高，才能使别人的优点和成绩肯定得有意义。

（3）要注意考察别人的成绩或长处的影响范围，使你的赞美更加具体、贴切。

（4）要善于见微知著，从小事上发掘出重大意义，从眼前影响推测将来影响。

（5）要深入了解别人的真实能力和发展趋势，使之工作更加努力。

5. 需要好的口才

口才是一个人能力的反映，好的口才则是赞美水平的标志。但是在生活中，并不是人人都有出色的口才，这使他们的赞美往往“美”不起来。好的口才没有绝对统一的标准。人的知识、阅历、个性不同，赞美别人的表达方式也不同。但一般而言，好的口才具有如下特点。

（1）说话清晰，口齿清楚。

（2）注意说话的语气。

（3）赞美要注意场合。

（4）幽默是好口才的一个重要标志。

只有具备好的口才，你才能巧妙地打出潜藏于心底的暗语，使你的赞美成为所有声音中最甜蜜的一种，你也必将成为大受欢迎的朋友。

三、善于使用非语言表达

同样一番话，不同的人说会有着截然不同的效果，因此言语内容本身并不是言语效果的唯一影响因素，甚至不是最为重要的影响因素。非语言信息在信息传递中占有非常重要的作用。麦罕宾的研究表明，非言语交际在信息传递中所占据的作用，居然高达93%！言语成分只占了7%的作用。因此善于沟通的人非常注意非语言表达在沟通中所发挥的作用。非语言表达主要包括身体语言、面部表情、衣着仪表等。

1. 目光接触

诚恳而沉稳地看着对方。和一个人谈话时，要维持5～15秒的目光接触。面对一个群体时要轮流和每一个人目光接触，每一次约5秒钟。不要让你的眼睛转来转去，也不要刻意放缓眨眼睛的速度。为了避免紧盯着对方，我们可以将视线放在对方的眉宇间，这样不会太尴尬。

2. 姿势与动作

昂然站立，放松自己，自然而轻松地移动。抬头挺胸，肩膀，臀部和双腿站成一条线，让你的精神向前倾注。不要放双臂环抱，两手交叉，这些都是封闭和防御的肢体语言。最自然的方式是两手自然下垂，放在腰际。保持良好的坐姿，脊椎垂直，上身略微前倾。手放置在椅背上，不要随意滑动。你的双手和手臂的动作尤其重要，柔和的手势表示友好、商量。强硬的手势意味着“我是对的，你必须听我的”。

3. 脸部表情

谈话时要轻松自然，记得要微笑，微笑表示友善、礼貌，皱眉则表示怀疑和不满意。

4. 衣着仪表

穿着方式，并没有对错之分。但必须让自己的打扮恰如其分，整洁大方，舒适得体。在穿着方面应当遵守 TOP 原则。TOP 是 3 个英语单词的缩写，它们分别代表时间（time）、场合（occasion）和地点（place），即着装应该与当时的时间、所处的场合和地点相协调。如果我们穿着能坚持这 3 个原则，那一定会获得他人良好的印象的。

1）场合原则

衣着要与场合协调。与顾客会谈、参加正式会议等，衣着应庄重考究；听音乐会或看芭蕾舞，则应按惯例着正装；出席正式宴会时，则应穿中国的传统旗袍或西方的长裙晚礼服；而在朋友聚会、郊游等场合，着装应轻便舒适。

2）时间原则

不同时段的着装规则对女士尤其重要。男士有一套质地上乘的深色西装或中山装足以包打天下，而女士的着装则要随时间而变换。白天工作时，女士应穿着正式套装，以体现专业性；晚上出席鸡尾酒会就需多加一些修饰，如换一双高跟鞋，戴上有光泽的配饰，围一条漂亮的丝巾；服装的选择还要适合季节气候特点，保持与潮流大势同步。

3）地点原则

在自己家里接待客人，可以穿着舒适但整洁的休闲服；如果是去公司或单位拜访，穿职业套装会显得专业；外出时要顾及当地的传统和风俗习惯，如去教堂或寺庙等场所，不能穿过露或过短的服装。

5. 声音与语气

每个人声音的物理品质无法改变，但是如何使用声音的音量、情感和语调积极表达信息，却是每个人都可以通过控制而实现的。根据不同的情况调整声音的大小，开会讲话声音要高一些，当对一个人讲话时声音要略微低一些，并且注意让声音表现出变化，以此来强调表达重点和避免单调。在任何一种情况下声音的变化都有助于突出重点。

一、思考问题

1. 倾听具有哪些重要的价值？
2. 赞美他人在沟通中的作用是什么？
3. 赞美他人要掌握怎样的心理需求？

二、拓展实践

你是否善于交际？你的人缘如何？通过对下面试题的选答，相信你会对自己有一个基本的评价。

你善于交际吗

1. 你最近一次交朋友，是因为_______。

A. 你认为不得不结交

B. 他们喜欢你

C. 你发现这些朋友令人高兴、愉快

2. 当你度假时，你是否_______。

A. 喜欢独自一个人消磨时间

B. 希望交到朋友，可是往往很难做到

C. 通常很容易就交到朋友

3. 你已经定下一个约会，可到时你却疲惫不堪，你会_______。

A. 不赴约了，希望对方会谅解你

B. 去赴约，但问对方如果你早些回家的话，他是否会介意

C. 去赴约，并且尽量显得高兴

4. 一个同事向你吐露了一件极有趣的个人问题，你常常_______。

A. 连考虑都没考虑，就把这件事告诉了别人

B. 为同事保密，不把这件事再告诉别人

C. 根据情况决定是否要告诉别人

5. 当你的同事有困难时，你发现________。

A. 他们不愿来麻烦你

B. 只有与你关系密切的少数朋友才来向你求助

C. 他们愿意来找你请求帮助

6. 对于同事的优缺点，你的处置方法是________。

A. 我相信真诚，所以对于我看不惯的缺点，我不得不指出

B. 我既不吹捧奉承，也不求全苛责他们

C. 我喜欢赞扬别人的优点，缺点则尽量回避

7. 在你选择朋友时，你发现________。

A. 你只能同你趣味相同的人们友好相处

B. 兴趣、爱好不同的人偶尔也能谈谈

C. 一般来说你几乎能和任何人合得来

8. 对于同事们的恶作剧，你会________。

A. 感到生气并发怒

B. 看心情和环境，也许和他们一起大笑，也许生气并发怒

C. 和他们一起大笑

9. 对于同事间的矛盾，你喜欢________。

A. 打听、传播

B. 不介入

C. 设法缓和

10. 每天上班以后，对于扫地、打开水一类的琐事，你的态度是________。

A. 想不到做

B. 轮流做

C. 主动做

11. 一位朋友邀请你参加他（她）的生日聚会。可是，任何一位来宾你都不认识________。

A. 你借故拒绝，说："那天已经有别的朋友邀请过我了"

B. 你非常乐意借此去认识他们

C. 你愿意早去一会儿帮助他（她）筹备生日

12. 在街上，一位陌生人向你询问到火车站的路径。这是很难说清楚的，况且，你还有急事________。

A. 你让他去向远处的一位警察打听

B. 你把他引向火车站方向

C. 你尽量简单地告诉他

13. 你表弟到你家来，你已经有两个月没有见到过他了。可是，这天晚上，电视上有一部非常精彩的电影________。

A. 你让电视开着，与表弟谈论

B. 你关上电视机，让表弟看你假期中的照片

C. 你说服表弟与你一块看电视

14. 你家里给你寄钱来了________。

A. 你把钱搁在一边

B. 你买一些东西，如油画、一盏漂亮的灯，装饰一下卧室

C. 和你的朋友们吃一顿

15. 你的邻居要看电影去，让你照看一下他们的小孩。孩子醒后哭了起来________。

A. 你关上卧室的门，到餐厅去看书

B. 你看看孩子是否需要什么东西。如果他无故哭闹，你就让他哭去，终究他会停下来的

C. 你把孩子抱在怀里，哼着歌曲让他入睡

16. 如果你有闲暇，你喜欢干些什么________。

A. 待在卧室里听音乐

B. 到商店里买东西

C. 与朋友一起看电影，并与他们一起讨论

17. 当你周围有同事生病住医院时，你常常是________。

A. 有空就去探望，没有空就不去

B. 只探望与你关系密切者

C. 主动探望

18. 如果有人请你去玩或请你在聚会上唱歌，你往往________。

A. 断然拒绝

B. 找个借口推辞掉

C. 饶有兴趣地欣然应邀

19. 对于他人对你的依赖，你的感觉________。

A. 避而远之，我不喜欢结交依赖性强的朋友

B. 很好，我喜欢被别人依赖

C. 我并不介意，但我希望我的朋友有一定的独立性

结果分析：

选 A 得 1 分，选 B 得 2 分，选 C 得 3 分，请算出你的得分。

分数为 45～60：你非常善于交际，你的伙伴们非常爱你，你总是面带笑容，为别人

考虑的比为你自己考虑的要多，朋友们为有你这样一位朋友而感到幸运。

分数为35～44：你不喜欢独自一个人待着，你需要朋友围在身边。你非常喜欢帮忙——如果这不花费你太多精力的话。

分数为34分以下：注意，你是一个不大合群的人，你置身于众人之外，仅仅为自己而活着。你是一位利己主义者。不奇怪为什么你的朋友这样少，从你的贝壳中走出来吧，改善一下你同周围人的关系。

你善于编织社会关系网吗

每个人都不是孤立存在的，所有的人都或多或少地与各种关系交织在一起，形成一张很大的关系网，整个社会就是这样的一个网络。对你来说，这张网以你为中心，伸展到所有你曾接触过的人和所有你可能去的地方。

你想知道自己的人际关系网编织得如何吗？不妨做做下面的测试，它会帮助你找到答案。

1. 你出门旅行时________。

A. 通常很容易就交到朋友

B. 喜欢一个人消磨时间

C. 希望结交朋友，但难以做到

2. 你与朋友的友谊能保持________。

A. 大多是保持稳定的长久的关系

B. 有长有短，志趣相投者通常较长久

C. 弃旧交新是常有的事

3. 你的朋友，首先应具备哪种品质？

A. 使人快乐轻松

B. 诚实可靠、值得信赖

C. 对我有兴趣、关注我

4. 与朋友们相处，你通常的情形是________。

A. 倾向于赞扬他们的优点

B. 坚持原则，有错我就指出来

C. 我的信条是不胡乱吹捧，也不苛刻指责

5. 走入一个陌生的环境，对那些陌生人，你________。

A. 常能很快记住他们的名字与某些特点

B. 想记住这些信息，但失败时居多

C. 不去注意这些东西

6. 对你来说，结交人的主要目的是________。

A. 使自己愉快

B. 希望被人喜欢

C. 想让他们帮我解决问题

7. 结交一位朋友你通常是________。

A. 由熟人朋友的介绍开始

B. 通过各种场合的接触

C. 经过时间、困难的考验而决定

结果分析：

选A得3分，选B得2分，选C得1分，请算出你的得分。

7～16分：结网能手。你凡事处理得当，合情合理，很有艺术。无论你走到哪里，笑脸和友谊总是围绕着你，你很受朋友的欢迎，他们也愿意帮助你，别人都认为你是很有办法的人。

17～26分：水平中等。你会有不少相处得不错的朋友，但出于各种原因，真正与你肝胆相照的知己却不多，似乎总有层东西隔在你们之间。是处事欠妥或是缺乏诚意，你可以自己寻找原因。

27～35分：结网技能较差。虽然你内心渴望友谊，但别人的印象却是你性格孤僻。你常常使自己独立于众人之外，颇有拒人千里的意味。你过去的绝大多数行为都在向人发出这种信号。当然，这种印象可以改变，但需要你长久地顽强努力，也许要花费比建立这个印象更多的时间才能去改变它。也许你生性喜新厌旧，这也无不可。不过切记，再强的人也有软弱的时候，有需要他人帮助的时候。

第五章

团队合作

【知识目标】

1. 了解团队的含义、分类与特点。
2. 了解融入团队的意义与途径。
3. 掌握团队合作的原则和技巧。
4. 掌握培养团队精神的途径。

【导入案例】

在非洲一个广袤的大草原上，三只小狼狗一同围追一匹大斑马。面对身形高大的斑马，三只两尺多长的小狼狗蜂拥而至，一只小狼狗咬住斑马的尾巴，一只小狼狗咬住斑马的鼻子，无论斑马怎样挣扎反抗，这两只小狼狗都死死咬住不放。而当斑马前后受敌、疼痛难忍的时候，第三只小狼狗就开始啃它的腿。终于，斑马支撑不住倒在了地上。一匹形体高大的斑马就这样被三只比自己小很多的小狼狗吃掉了。

讨论：这个故事给我们的启示是什么？

第一节 团队与团队合作

团队合作是时代发展对人才提出的要求，是人格、个性健全发展的高素质人才的必备素养。一个人的学习、生活、工作都离不开他人的帮助，一个团队的发展也离不开队员之间的合作。只有具备良好的团队精神，才能在激烈的人才竞争中占据优势并获得主动，才能获得事业的成功。

一、团队的内涵

团队是由基层和管理层人员组成的一个共同体，它合理利用每一个成员的知识和技能来协同工作，解决问题，达到共同的目标。

1994年，斯蒂芬·罗宾斯首次提出了“团队”的概念：为了实现某一目标而由相互协作的个体所组成的正式群体。在随后的十几年里，关于“团队合作”的理念风靡全球。当团队合作出于自觉和自愿时，它会产生一股强大而持久的力量。

团队和群体不同。所有的团队都是群体，但只有正式群体才是团队。团队和群体有着一些根本性的区别，群体可以向团队过渡。

二、团队的分类与特点

（一）团队的分类

一般根据团队存在的目的和拥有自主权的大小，可以将团队分为5种类型：

① 问题解决型团队；

② 自我管理型团队；

③ 多功能型团队；

④ 共同目标型团队；

⑤ 正面默契型团队。

（二）团队的特点

一般的团队具有下列特点：

① 团队以目标为导向；

② 团队以协作为基础；

③ 团队需要共同的规范和方法；

④ 团队成员在技术或技能上形成互补。

三、团队的构成要素

团队的构成要素可以总结为5P，分别为目标（purpose）、人（person）、定位（place）、权限（power）和计划（plan）。

（一）目标

团队应该有一个既定的目标，为团队成员导航，知道要向何处去，没有目标，这个团队就没有存在的价值。我们所在的组织可以说是一个大团队，因为我们有共同的使命、愿景和目标。同时，组织内部又可以划分为若干小团队，包括常设团队（职能部门）和临时团队（项目部、攻关小组）。组织的大目标可以分解成小目标，小团队的目标必须跟组织的目标一致，小团队的目标还可以具体分解到各个团队成员身上，大家合力实现这个共同的目标。同时，目标还应该有效地向大众传播，让团队内外的成员都知道这些目标，有时甚至可以把目标贴在团队成员的办公桌上、会议室里，以此激励所有的人为这个目标去工作。

（二）人

人是构成团队最核心的力量。两个以上的人就可以构成团队。团队目标是通过人员去具体实现的，所以人员的选择是团队中非常重要的一个部分。在一个团队中需要有人制订计划，有人出主意，有人实施，有人协调，还要有人去监督评价工作进展与业绩表现。不同的人员通过分工来共同完成团队的目标，所以在人员选择方面要考虑团队的要求如何、人员的能力如何、技能是否互补、人员的经验如何、性格搭配是否和谐等因素。

组建团队时，选择团队领导是重中之重。俗语说得好："兵熊熊一个，将熊熊一窝。"电视剧《亮剑》中的李云龙，把一支杂牌军打造成了能征善战的精锐之师；而纸上谈兵的赵括，指挥了长平之战，其惨败使赵国一蹶不振，直至灭亡。

（三）定位

定位包含两层意思。

一是团队的定位，团队在组织中处于什么位置，由谁选择和决定团队的成员，团队最终应对谁负责，团队采取什么方式激励下属等。

二是个体的定位，作为成员在团队中扮演什么角色，是制订计划还是具体实施或评估等。

（四）权限

团队当中领导人的权力大小跟团队的发展阶段相关，一般来说，团队越成熟，领导者所拥有的权力相应越小，在团队发展的初期阶段，领导的权力相对比较集中。在确定团队权限时，要考虑组织规模、团队数量、业务类型，以决定授予何种权限及多大权限等。

（五）计划

计划有狭义和广义的含义。

狭义的计划是指为实现目标而事前所拟定的方案和具体工作的程序。

广义的计划是指制订行动的方案，以规划未来。团队只有在计划的操作下才会一步一步地贴近目标，从而最终实现目标。

四、团队合作

案例

众所周知，微软是以创造团队合作文化闻名的公司。以项目小组的形式来开发电脑软件是由微软首创的。微软的产品是电脑软件，专业性很强，需要知识积累和不断创新，并要求不能出错。在这种情况下，公司需要的并不是表面上的一团和气，而是平等又充满争论的团队文化。在思想的交锋中产生创新的火花，在不同视角的争辩中创造最独特完美的产品，这是合作精神在微软产品项目小组中的体现。比尔·盖茨与保罗·艾伦创办微软之后，思想的争论、敢于向他人的思想挑战的风气就被鼓励并发扬光大。比尔·盖茨甚至要求向他汇报工作的人以及所有项目小组都遵循“敢提不同意见”的原则。项目小组有名的“三足鼎立”结构也就这样建立起来，软件设计员、编程员、测试员，三种人员互相给彼此挑刺，刺挑得越多，最后的产品就可能越完善。而项目小组的成员大家都平等，组长也没有特别的权力，主要担任沟通协调的角色，解决任务冲突、人员冲突、时间冲突，使大家愉快配合，按时将产品完成。这种独特的团队合作能够实现目标，与公司的几个重大环节的把握有十分密切的关系。首先是公司文化的创立。其次是人员招聘的把关。微软招人的时候用的测试题全是智力和创意测试，这已经成为目前IT行业招聘的经典。再次则是分工的极其明确和流程设计的周密，每一个团队成员都十分清楚自己的职责和自己的工作在整体中的位置和顺序以及时间进度。由于分工明确而且每个人都无法被他人替代，因此彼此都互相尊重，同时敢于提出自己的不同见解。最后则是大家都有明确的共同目标，让产品按时并高质量地完成。

讨论：微软的团队合作案例对我们有什么启发。

团队合作指的是一群有能力、有信念的人在特定的团队中，为了一个共同的目标相互支持合作奋斗的过程。它可以调动团队成员的所有资源和才智，并且会自动地驱除所有不和谐和不公正现象，同时会给予那些诚心、大公无私的奉献者适当的回报。自主自愿的团队合作会产生巨大的合力。

（一）团队合作的重要性

（1）可以打造一支具有较强凝聚力的工作队伍。

（2）可以为团队成员提供一个较好的学习平台。

（3）可以营造一个相对和谐的工作环境。

（4）可以有效地提高工作效率。

（二）团队合作的基础

1. 信任

帕特里克·兰西奥尼在《团队协作的五大障碍》中，把信任这个要素摆在团队合作最基础、首要的位置。她笃信彼此信任是团队合作的基础。这不是其他种类的信任，而是坚定地以人性脆弱为基础的信任。这意味着一个有凝聚力的、高效的团队成员必须学会自如地、迅速地、心平气和地承认自己的错误、弱点、失败，并向团队求助。他们还要乐于认可别人的长处，即使这些长处超过了自己。团队成员彼此之间应敞开心扉，坦率承认自己的弱点或错误。

以人性脆弱为基础的信任在实际行为中是什么样的呢？如团队成员之间彼此说出"我办砸了""我错了""我需要帮助""我很抱歉"或"你在这方面比我强"等这样的话，就是明显的特征。以人性脆弱为基础的信任是团队存在不可或缺的重要因素。

2. 不畏惧冲突

团队合作的另一个基础是不畏惧冲突。建设性的、鼓励性的和没有戒备的良性冲突能有效地促使团队做出正确决策。各个团队成员能直率地说出自己的不同见解，团队领导才可能有充分信心集中集体智慧而最终做出英明决断。不经过意见过滤，没有争论探讨，团队就会一遍一遍地面临同样的问题而找不到解决方案。实际上，在外人看起来总是争论不休的团队，往往是能够做出艰难决策并执行坚守的团队。

3. 彼此负责

愿意对彼此负责是成就团队合作的重要基础之一。彼此负责的意识会让团队成员之间求同存异，互相提醒摒弃那些对实现团队目标不利的言辞和行为。互相负责的心态会避免团队成员自私自利、自保其身的思想行为，他们彼此信任，清楚哪些行为是该做的，哪些行为是对其他成员对整个团队负责的正确选择。

4. 坚定不移的行动

一个具有凝聚力的团队一定要有坚定不移的行动力。一方面团队领导在信息不够完善、意见不能统一的情况下要果断做出决策；另一方面团队成员要坚定执行团队任务，为完成团队目标尽职尽责。

（三）团队合作的基本原则

1. 诚恳原则

诚恳是人与人相处的基本态度，是团队合作的第一原则。古语说“诚者，事之始终”。真诚是君子最宝贵的品格，是同事间相处共事的基础。诚恳应贯彻一件事的始终，让与你交往的人感到你所做的一切都是发自内心的、真诚的。

诚是核心，哪个朋友因某件小事对你有误会或存有偏见，由于你以诚相待，始终以诚感动他，他一定会因你“精诚所至，金石为开”。我们都知道三顾茅庐这个故事，刘备不顾张飞、关羽的劝阻，在隆冬季节，寒雪纷飞的时刻三访孔明，而且为去拜见孔明进行沐浴，斋戒，终于以诚、以礼叩开了孔明心灵的大门，请出了诸葛亮帮助他成就了大业。也正因为刘备始终能对诸葛亮以诚相待，才赢得了诸葛亮的赤胆忠心，帮助他与曹操、孙权抗衡，三分天下，乃至在刘备死后，诸葛亮仍忠心耿耿地辅佐幼主刘禅，为刘氏宗业鞠躬尽瘁，死而后已。

团队合作必须以诚为先，团队领导身先士卒，对团队成员以诚以礼、真心相待。团队成员以身作则，诚恳做事待人，处处实心诚意。

2. 目标原则

团队目标需要所有成员齐心协力共同完成。团队成员要有大局观，不以个人好恶为标准，能够以团队共同的目标为原则，求大同、存小异。共同的目标价值可以激励成员放大自己的格局，以更开阔的角度看待和处理工作中遇到的问题。没有长远目标的团队成员，容易短视，斤斤计较眼前利益，从而影响团队目标的实现进程。共同目标意识强的团队会注重长远利益，不计较一时得失，坚定前行，直到目标实现。

3. 平等友善

团队成员平等相处也很重要。团队成员之间相处具有相近性、长期性、固定性，彼此都有较全面、深刻的了解。平等相待可以赢得成员间的互相信任。信任是联结团队力量的纽带。不管是资深的老员工，还是新进的员工，都需要去除不平等的关系。无论是心存自大还是心存自卑，都是团队发展的大忌。团队是一个整体，成员之间优势互补，共同进步。单一成员无论多么优秀，都难以单独实现目标，正所谓“一枝独秀不是春，百花齐放春满园”。

4. 善于交流

同在一个团队共事，团队成员之间会存在某些差异，知识、能力、经历的不同会造成不同成员之间在对待和处理工作时产生不同的想法。交流是协调的开始，把自己的想法说出来，听对方的想法，要经常说这样一句话：“你看这事该怎么办，我想听听你的看法。”善于交流的团队更和谐，更具备解决问题的能力。

5. 宽容原则

在团队中，宽容的思想和态度是创造和谐人际关系的法宝。宽容的原则就是讲究与人为善，这是一种较高的境界。宽容他人、理解他人、体谅他人，就意味着不能求全责备、斤斤计较，甚至咄咄逼人。学会换位思考，要站在对方的立场去考虑一切，这是建设团队良好工作氛围的最好办法。

团队领导要宽容其他成员的眼界、格局和工作方法。团队成员要宽容领导的决策偏差、判断失误。每个团队成员之间，因为生活的环境不同、性格不同、见解不同，就需要互相鼓励、互相理解、互相宽容，以期达到和谐相处的境界。

（四）团队合作的基本技巧

建设一个有凝聚力、有战斗力的团队需要所有成员的共同努力。团队合作也需要讲究一定的技巧。

1. 创造一个“我们”的氛围

团队以共同的目标、价值理念为基础，打造一个属于“我们”的文化氛围。在这样的环境里，每个人都被尊重、接纳、支持，所言所行都是“我们在做……”“我们想……”“我们相信……”。团队成员在这样的氛围中会减少孤独感，增强归属感。

2. 分享团队荣誉

团队获取阶段性胜利或取得一定成绩时，要共同分享这份荣誉。团队成员在这样的分享过程中，会感受到与团队“一荣俱荣，一损俱损”的依存关系，让每个成员感受到这份成功中也包含自己的努力，从而增强团队凝聚力和为团队战斗的信心。同时，当团队遭遇失利时，不要不问青红皂白地把所有过错归咎于单独一个人，以防使其丧失对团队的信心和信任。

3. 个人成长规划

在团队大目标的框架下，鼓励成员制订个人合理清晰的成长规划。这样的规划会使团队成员进一步明确自己在团队中的责任和角色，利于团队工作合作进行，也利于成员获得工作的成就感。由于有清楚的提升规划，成员会更乐于为团队工作，更好地参与团队建设。除此之外，明确的规划也会减少不良竞争意识，团队成员会更关注自己的进步与提升。

4. 增加交流

组织应提供机会，增加团队成员之间的互相了解。尤其要鼓励社交型的成员走到一起，形成带动团队感情建设的力量。良好的感情培育可以有效增强团队的融洽程度和合作效率。

团队合作不是自然而然发生的，也不是一蹴而就的。只有通过多方面努力，真正意义上的团队合作才能产生。

第二节　培养个人的团队精神

所谓团队精神，就是大局意识、协作精神和服务精神的集中体现。简单地说，就是一种集体意识，是团队所有成员都认可的一种集体意识。团队精神的基础是尊重个人的兴趣和成就，核心是协同合作，最高境界是全体成员的向心力、凝聚力，反映的是个体利益和整体利益的统一，进而保证组织的高效运转。团队精神的核心是无私和奉献精神，是自动担当的意识，是与人和谐相处、充分沟通、交流意见的智慧。它不是简单地与人说话、与人共同做事，而是不计个人利益，推崇团队集体利益的奉献精神。

团队精神的形成并不要求团队成员牺牲自我，相反，挥洒个性、表现特长保证了成员能够共同完成任务目标，而明确的协作意愿和协作方式则产生了真正的动力。团队精神是团队文化的一部分，良好的管理可以通过合适的团队形态将每个人安排至合适的岗位，充分发挥集体的潜能。如果没有正确的管理文化，没有良好的从业心态和奉献精神，就不会有团队精神。

一、团队精神的体现

1. 团队信任

团队信任就是团队成员之间互相信任。在遇到危险时，可以自信地把后背交给其他成员，这种信任会大大提高团队的效率。团队信任的建立是团队规范逐渐变成习惯的过程。团队规范可以通过讨论与会议的方式形成，但规范变成习惯，并促使团队成员彼此之间产生信任，还要需要一个发展的过程。研究表明，信任有一个连续发展的过程，信任不断发展到更高阶段时，团队内部信任就会表现出一种很强的韧性，此时信任程度加深，偶尔的信任破坏也很容易修复。就发展阶段而言，信任开始是一种计算型信任，即被信任方会仔细计算，如果自己得到对方的信任会有什么收益，如果自己失去对方的信任会承担什么后果。在这种模式下，信任方高度重视被信任方的行为表现，计算信任他人可能带来的收益与风险，信任方只有在确认信任对方会给自己带来价值时，才会选择信任对方。

随着时间的推移，成员之间交流增多，信任越来越不用做特别的检验，这样彼此之间的信任程度就会得到加强，成员间的信任就会发展到很高的水平，即认同型信任。在这个阶段，团队关系会非常牢固，团队成员彼此信任，也相信团队整体的决定。这时，给团队成员安排合适的角色，成员就容易接受并胜任。

2. 大局意识

大局意识是要看长远，不计眼前得失，从而得到最长远、最广、最多的利益。大局意识就是把自己的利益与团队利益放在一起考虑。因为，在团队中每一个人的价值判断，最终都是以团队成果为大前提的。因此，自身利益的达成，需要在团队利益达成的基础上才可能实现，这就需要在个人利益与团队利益有冲突时，个人利益要作出适当的让步。

3. 协作精神

团队协作精神是指建立在团队的基础之上，发挥团队精神、互补互助，以达到团队最高工作效率的能力。团队协作精神认为团队大于个人，团队的力量远远大于个人的力量。团队不仅强调个人的工作成果，更强调团队的整体业绩。团队所依赖的不仅是集体讨论和决策，同时也强调成员的共同贡献。

团队协作的本质是共同奉献。团队需要有切实可行、具有挑战意义且让成员能够为之信服的目标。只有这样才能激发团队的工作动力和奉献精神，不分彼此，共同奉献。团队成员只有不断地分享自己的长处、优点，不断吸取其他成员的长处、优点，遇到问题及时交流，才能让团队的力量发挥得淋漓尽致。

团队协作能使团队和个人的潜力发挥到最大值。当团队的每一个人都坦诚相待，都有一份奉献精神时，取长补短，个人的能力肯定会得到大大的提升，正所谓“三人行，必有我师焉”。如果大家把团队里面每一分子的优点都变为自己的优点，灵活运用，不仅团队的力量日益强大，自己的能力、潜力也慢慢得到升华。团队协作能激发出团队成员不可思议的潜力，让每个人都能发挥出最强的力量。良好的团队协作会产生一加一大于二的结果，即团队工作成果往往能超过成员个人业绩的总和。

4. 服务精神

团队内的服务精神其实就是一种大客户中心观念。因为团队中成员之间彼此协作，这时协作方都是彼此的客户，需要从对方的需求出发，最大限度地满足客户需求。所以服务精神的本质就是一种客户中心意识，随时反思自己的客户价值实现状态。只有团队内部有这种彼此的服务精神，才有可能使团队呈现出一种有效的客户服务风格。

作为团队成员需要主动从团队信任、大局意识、协作精神和服务精神等方面培养自己的团队精神，当出现破坏团队精神苗头时要及时调整自己的心态。要远离破坏团队精神的成员，如爱拨弄是非的人；对别人的事喜欢打听，传播的人；好出卖别人，显示自己高明的人；趾高气扬，打压他人，不可一世的人；喜欢拉帮结派，制造矛盾或煽动事端的人；幸灾乐祸以别人的失败为自己成功的人。

二、团队精神的作用

（一）目标导向

团队精神能够使团队成员齐心协力，拧成一股绳，朝着一个目标努力。对团队的个人来说，团队要达到的目标就是自己必须努力的方向，从而使团队的整体目标分解成各个小目标，在每个队员身上都得到落实。

（二）凝心聚力

任何组织群体都需要一种凝聚力，传统的管理方法是通过组织系统自上而下的行政指令，淡化了个人感情和社会心理等方面的需求，团队精神则通过对群体意识的培养，通过队员在长期的实践中形成的习惯、信仰、动机、兴趣、爱好等文化心理，来沟通人们的思想，引导人们产生共同的使命感、归属感和认同感，逐渐强化团队精神，产生一种强大的凝聚力。

刘备就是一个善用精神力量凝聚人心的典型，在不具备天时、地利的条件下，以人和为核心竞争力，以“义”聚得关羽、张飞、赵云等名将，以诚感人，三顾茅庐，请出诸葛亮辅佐，并以兴复汉室天下为共同目标，发挥团体的力量，终于三分天下得其一。

（三）促进激励

团队精神要靠每一个队员自觉地向团队中最优秀的员工看齐，通过队员之间正常的竞争达到督促和提醒的目的。这种激励不是单纯停留在物质的基础上，而是要能得到团队的认可，获得团队中其他队员的认可。

（四）约束规范

在团队里，不仅队员的个体行为需要控制，群体行为也需要协调。团队精神所产生的控制功能，是通过团队内部所形成的一种观念的力量、氛围影响，约束、规范、监管团队的个体行为。这种控制不是自上而下的硬性强制力量，而是由硬性控制转向软性内化控制；由控制个人行为，转向控制个人的意识：由控制个人的短期行为，转向对其价值观和长期目标的控制。因此，这种控制更为持久且更有意义，而且容易深入人心。

三、培养团队精神的重要性

（一）团队精神是进入团队的重要考核标准

几乎所有的大公司在招聘新人时，都非常留意人才的团队合作精神，他们认为一个人能否和别人相处与协作，要比他个人的能力重要得多。

（二）团队精神直接关系到个人的工作业绩和团队的业绩

没有团队精神的人，即便工作干得再好，也无济于事。在这个讲究合作的年代，真正优秀的员工不仅要有超人的能力、骄人的业绩，更要具备团队精神，为团队全体业绩的提升做出贡献。个人的成功建立在团队成功的基础上，只要团队的绩效获得了提升，个人才会得到嘉奖。

（三）团队精神决定个人能否自我超越、达到完美

认清团队精神，完成自我超越。个人不可能完美，但团队却可以。在知识经济时代，竞争已不再是单独的个体之间的竞争，而是团队与团队的竞争、组织与组织的竞争，任何困难的克服和波折的平复，都不能仅凭一个人的英勇和力量，而必须依托整个团队。对个人来讲，你做得再好，团队跨了，你也是失败者。21 世纪最成功的生存法则就是抱团打天下，必须有团队精神。所以作为团队的一员，只有把个人融入整个团队之中，凭借整个团队的力量，才能把个人不能完成的棘手问题处理好。明智且能获得成功的捷径就是充分利用团队的力量。

（四）团队精神能推动团队运作和发展

在团队精神的作用下，团队成员产生了互相关心、互相帮助的交互行为，显示出关心团队的主人翁责任感，并努力自觉地维护团队的集体荣誉，自觉地以团队的整体荣誉感来约束自己的行为，从而使团队精神成为团队自由而全面发展的动力。

（五）团队精神能培养成员之间的亲和力

具有团队精神的团队，能够使每个团队成员都显示出高涨的士气，有利于激发成员工作的主动性。有了集体意识、共同的价值观、高涨的士气、团结友爱的氛围，团队成员才会自愿地将自己的聪明才智贡献给团队，与其他成员积极主动沟通，同时也使自己得到更全面的发展。

（六）团队精神有利于提高组织整体效能

通过发扬团队精神，加强建设团队精神，能减少内耗。如果总是把时间花在怎样界定责任、应该找谁处理问题上，让客户、员工团团转，就会减少企业成员的亲和力，损伤企业的凝聚力。

四、培养提升团队精神的途径

（一）培养勇于奉献的精神

具备团队精神，首先就要检视自身的思想境界，只有无私的、乐于奉献的、勇于

担当的人才可能具备这种优点。最能表现团队精神真正内涵的莫过于登山运动。在登山的过程中，登山运动员之间都以绳索相连，假如其中一个人失足了，其他队员就会全力援救。否则，整个团队便无法继续前进。但当一切队员绞尽脑汁，试了一切的办法仍不能使失足的队员脱险的时候，只有割断绳索，让那个队员坠入深谷，只有这样，才能保住其他队员的性命。而此时，割断绳索的常常是那名失足的队员。这就是团队精神。

（二）培养大局意识

培养以实现团队目标为己任的主动性和大局意识。团队精神尊重每个成员的兴趣和成就，要求团队的每一个成员都以提高自身素质和实现团队目标为己任。团队精神的核心是合作协同，目的是最大限度地发挥团队的潜在能量。新一代的优秀员工必须树立以大局为重的全局观念，不斤斤计较个人利益和局部利益，将个人的追求融入团队的总体目标中去，从自发地服从到自觉地去执行，最终完成团队的全体效益。

（三）培养团队角色意识

与人合作的前提是找准本人的地位，扮演好本人的角色，这样才能保证团队工作的顺利进行。若站错位置，乱干工作，不但不会推进团队的工作进程，还会使整个团队陷入混乱。团队要想维持高绩效，员工能否扮演好本人的角色是关键和根本，有时甚至比专业知识更为重要。

（四）培养宽容与合作的品质

应该时常反思本人的缺点，如是否对人冷漠，或者言辞是否刻薄。团队工作需要成员之间不断地进行互动和交流，如果你固执己见，总与别人有分歧，你的努力就得不到其他成员的理解和支持。这时即便你的能力出类拔萃，也无法促使团队创造出更高的业绩。如果你认识到了这些缺点，不妨经过交流，坦诚地讲出来，承认缺点，让大家共同协助你改进。培养宽容与合作的品质，不必担心别人的嘲笑，你得到的将会是理解和协助。

（五）培养虚心请教的素质

向专业人士请教自己不懂的问题是一种非常宝贵的素质，它可以提升我们的能力，拓展我们的知识面，使我们的工作能力变得更强，更重要的是，请教别人还有利于我们获得良好的人际关系。

有时，我们并未自动请教，别人也会对我们的工作发表一些个人意见。千万不要对这种意见产生反感，不管意见是对是错，我们都要真诚地向对方道谢，并客观地评价这些建议。这些建议通常都极其有价值，可以为我们提供一个崭新的工作思绪或为我们开辟出一段崭新的职业生涯。

（六）忌个人英雄主义

个人英雄主义是团队合作的大敌。如果你从不承认团队对本人有协助，即便接受过协助，也认为这是团队的义务，你必须抛弃这一愚笨的想法，否则只会使本人的事业受阻。

团队精神是一种精神力量，是一种信念，是一个团队不可或缺的精神灵魂。它反映团队成员的士气，是团队所有成员价值观与理想信念的基石，是凝聚团队力量、促进团队进步的内在力量。

第三节　如何融入团队

融入团队，我们会感到更为强大，更为自信，可以减轻“独立无援”的不安全感，也多了一份对抗外来威胁的力量，进而得到安全感和归属感。每个人都有自己的优点，同时也有着自身的不足，虽说勤能补拙，但是要求每个人都做到这一点，却不是容易的事情。团队中往往人才济济，而且团队一般都会安排以老带新，优秀团队更是有新员工培训计划，对新员工在日常工作、经验传授等方面进行全方位的培训，新员工在各方面会获得指导、支持，也将会进步更快。

一、融入团队的意义

是团队成就了个体。在这个世界上，任何一个人的力量都是渺小的。想成为卓越的人，仅凭自己的孤军奋战，单打独斗，是不可能成大气候的。个人必须融入团队，必须借助团队的力量。只有融入团队，与团队一起奋斗，充分发挥出个人的作用，才能实现个人价值的最大化，才能成就自己的卓越。

个体组成了团队。俗话说，“三个臭皮匠，胜过诸葛亮”“人多力量大”“一根筷子容易弯，十根筷子折不断”，这就是团队力量的直观体现。在一个团队里，如果每个人都能够充分发挥自己的优势，那么这个团队将是无比强大的。

二、掌握融入团队的途径

（一）主动了解团队文化

首先，就是文化认同，初入团队，最难适应的就是每个团队独特的团队文化。但要想在团队立足，你必须理解、认可、传播团队文化。只有你认可了团队的文化理念，快乐工作，自我价值的实现才会变成可能。

其次，决定加入哪个团队，除了考虑团队提供的薪水可以满足自己的要求外，最重要的还是看团队的整体氛围好不好、项目有没有可持续发展的前景、团队的核心领导有没有较强的人格魅力、团队提供的岗位和你自身的优势资源能不能有效对接。用四个“跟”来概括：跟自己的感觉走，跟品牌的理想走，跟团队的文化走，跟核心领导的魅力走。适应和从内心接受了团队的文化，将会为自己开始的工作打下了一个良好的心态基础，为自己的坚持和不放弃找到了理由，这样你才可能做到先升值，再升职；先有为，后有位。

（二）主动了解团队目标

每个团队都有一个既定的目标来为团队成员导航，不同的人通过分工来共同完成团队的目标。作为团队的一名成员，要了解团队的目标，了解自己应该完成的小目标，跟大家合力实现这个共同的团队目标。

（三）主动了解团队成员

人是构成团队最核心的力量，2 个（包含 2 个）以上的人就可以构成团队。团队目标是通过人员具体实现的，所以了解团队成员非常重要。团队中不同的人有不同的分工，有人出主意，有人订计划，有人实施，有人协调不同的人一起去工作，还有人去监督团队工作的进展，评价团队最终的贡献。了解团队成员的能力、技能、经验等，有助于我们和优秀者合作。靠近优秀者，有助于帮助自己为团队做出努力，为实现团队目标贡献自己的聪明才智，同时也实现自己的职业理想。

（四）主动学习，勤于工作

加入团队，太多的东西需要了解和学习。制度流程、岗位职责、团队文化、产品知识、销售政策、网络渠道、工作方法、礼仪知识……太多的东西需要我们在最短的时间内了解和熟知。学习的途径和方法除了团队正常的培训外，更多的应该是用心去自学领悟和掌握，当然向老员工和前辈请教也是一个捷径。互联网也是学习的好老师，掌握和熟练运用互联网是员工必须具备的一项技能，这不仅对现在的工作有用，对未来的人生也至关重要。

（五）主动沟通

沟通无疑是我们进入团队必须做的事。进入一个陌生的环境，失落和焦躁情绪是任何人都无法抵挡的。应善于沟通，熟悉工作岗位，让自己能投入工作状态中来，尽快建立人际关系网。如果我们一味地将自己封闭起来，拒绝和同事沟通交流，你将会被拒之于这个团队之外，沦为孤家寡人。

（六）主动完成岗位工作

要想快速融入团队，主动积极的工作态度很重要，要主动参加团队活动、主动完成岗位工作。先不要问自己会做什么，而是要问自己现在能做什么。我们工作生活在一个开放性的环境当中，创造性的工作是非常重要的工作方法，主动无疑是推进剂，凡事如果都要领导来安排，那么，我们已经失去了工作的意义。

（七）建立个人的人际网络

哈佛大学商学院曾经做过一个调查，结果发现：在事业有成的人士中，26%的靠工作能力，5%的靠家庭背景，而人际关系好的占了 69%。建立个人的人际网络，才能更好地融入团队，为团队奉献。要想成为出类拔萃的顶尖人才，不仅要提升个人的才能，更重要的是拓展个人的人际关系，提升个人的人际竞争力，只有这样，才会取得自己和团队事业的成功。

丰富的人际资源可以使工作更加得心应手。一个人在人际关系上的优势，就是人际竞争力。哈佛大学为了了解人际能力在一个人取得成就的过程中起着怎样的作用，曾针对贝尔实验室顶尖研究员做过一个调查。他们发现，被大家认同的专业人才，其专业能力往往不是重点，关键在于顶尖人才会采取不同的人际策略，这些人会多花工夫与那些在关键时刻可能对本人有协助的人培养良好的关系，在面临问题危机时便容易化险为夷。他们还发现，当一名表现平平的实验员遇到棘手的问题时，会去请教专家，却往往因没有回应而白白浪费工夫；而顶尖人才则很少碰到这种情况，由于他们在平时就建立了丰富的资源网，一旦前往请教，便立刻能得到答案。

课后任务

一、思考问题

1. 团队的含义与特点是什么？
2. 团队的构成要素有哪些？
3. 团队精神的作用有哪些？
4. 怎样才能融入团队？

二、拓展实践

做一下下面的小测试，看看你是否是一个擅长团队合作的人。

1. 如果某位中学校长邀请你，为即将毕业的学生做一个介绍公司情况的晚间讲座，恰好那天晚上播放你正在追看的电视剧的最后一集，你会：________。

A. 立即接受邀请

B. 同意去，但要求改期

C. 以有约在先为由拒绝邀请

2. 如果某位重要客户在周末下午 5：30 给你打来电话，说他们购买的设备出了故障，要求紧急更换零件，而主管人员与维修师傅已经下班，你如何处理：________。

A. 亲自驾车去距离公司 30 公里以外的地方送货

B. 打电话给维修师傅，要求他立即处理此事

C. 告诉客户下周才能解决

3. 如果某位与你竞争最激烈的同事向你借一本经营管理畅销书，你如何处理：________。

A. 立即借给他

B. 同意借给他，但声明此书的价值并没有那么好

C. 骗他说书已经被别人借走

4. 如果某位同事为方便自己出去旅游而要求和你调换休息时间，在你还未决定如何度假的情况下，你如何处理：________。

A. 马上应允

B. 告诉他要回家跟爱人商量

C. 拒绝调换，推说自己已经参加旅游团了

5. 在你急匆匆地驾车赴约途中看到一位同事的车出了故障，停在路边，你如何处理：________。

A. 毫不犹豫地下车帮忙修理

B. 告诉他你有急事，不能停下来帮他修车，但一定帮他找修理工

C. 装作没看见

6. 如果某位同事在你准备下班回家时，请求你留下来听他倾诉内心的苦闷，你如何处理：________。

A. 立即同意留下来

B. 劝他等第二天再说

C. 以妻子生病为理由，拒绝其请求

7. 如果某位同事因要去医院探望妻子，要求你去替他接一位乘夜班机来的大人物，你如何处理：________。

A. 立即同意替他去接

B. 找借口劝他另找别人帮忙

C. 以汽车坏了为理由，拒绝其请求

8. 如果某位同事的儿子想选择与你同样的专业，请你为他做些求职指导，你如何处理：________。

A. 立即同意

B. 答应他的请求，但同时声明你的意见可能已经过时，他最好再找些最新资料作参考

C. 只答应谈几分钟

9. 你在某次会议上发表的演讲很精彩，会后几位同事都向你索要讲话提纲，你如何处理：________。

A. 同意，并立即复印

B. 同意，但并不重视

C. 不同意，或者同意，但转眼就给忘了

10. 如果你参加了一个新技术培训班，学到了一些对许多同事都有益处的知识，你如何处理：________。

A. 返回后立即向大家宣布并分发参考资料

B. 只泛泛地介绍一下情况

C. 把这个课题贬得一文不值，不泄露任何信息

测试结果分析：

1. 全部回答为 A，表示你是一位极善良、极有爱心的人，但你要当心，千万不要被低效率的人拖后腿。

2. 大部分回答为 A，表示你很善于合作，但并非失去个性。认为礼尚往来是一种美德，在商业生活中不可或缺。

3. 大部分回答为 B，表示你以自我为中心，不愿意给自己添麻烦，不想让自己的生活规律、工作秩序受到任何干扰。

4. 大部分回答为 C，表示你是一个名副其实的孤家寡人，团队合作精神比较差。

第六章

情绪管理

【知识目标】

1. 明确情绪管理的概念要素。
2. 掌握情绪管理的方法。
3. 掌握提高个人情商的方法。
4. 掌握打造良好职业心态的方法。

【导入案例】

余光中是当代知名的诗人和学者。有一次，他去参加一项文艺大奖的颁奖典礼。获奖者大部分是年轻的晚辈，只有余光中是年过花甲的长辈。相比之下，余光中难免感觉有些不自在。但等到他致辞时，余光中却幽默地说："一个人年轻时得奖，应该跟老头子一起，表示他年少成名；但老年时得奖，应该跟小伙子一起，表示他尚未落伍。"话音刚落就博得了满堂喝彩。

余光中先生以自己的机智风趣，不仅化解了本来的尴尬，也获得了现场嘉宾的尊敬。他不动声色地赞美了年轻人的功成名就，也含蓄而恰到好处地表明了自己宝刀未老，真是情绪管理的高手。

讨论：你在生活中遇到过令人尴尬的场面吗？你是怎样化解不愉快的情绪的？

第一节 科学认识情绪

一般而言，情绪是对一系列主观认知经验的通称，是多种感觉、思想和行为综合产生的心理和生理状态。最普遍、通俗的情绪有喜、怒、哀、惊、恐、爱、恨等，也有一些细腻微妙的情绪如嫉妒、惭愧、羞耻、自豪等。情绪常和心情、性格、脾气、目的等因素互相作用，也受到荷尔蒙和神经递质影响。无论正面还是负面的情绪，都会引发人们行动的动机。虽然有些情绪引发的行为看上去没有经过思考，但实际上意识是产生情绪的重要一环。

情绪可以分为与生俱来的基本情绪和后天学到的复杂情绪。基本情绪与人类的原始生存息息相关，复杂情绪必须经过人与人之间的交流才能学到。每个人所拥有的复杂情绪和对情绪的定义都不一样。我们平常所说的情商就是指情绪商数，而并非情感商数。

其实，关于情绪的确切含义，心理学家和哲学家们已经辩论了 100 多年，给情绪下的定义已有 20 多种。尽管这些定义各不相同，但都承认情绪是由以下 3 种成分组成的。

（1）情绪涉及身体的变化，这些变化是情绪的表达形式。

（2）情绪涉及有意识的体验。

（3）情绪包含了认知的成分，涉及对外界事物的评价。由于情绪与情感的表现极易混淆，如爱情的满足感总是伴随着快乐，所以情绪与情感的关系是辩论争议的重要方面。

情绪被描述为针对内部或外部的重要事件所产生的突发反应，一个主体对同一种事件总是有同样的反应。情绪持续时间很短，产生的情绪包含语言、生理、行为和神经机制互相协调的一组反应。人类的情绪也来自生物性能，特别是在演化中被强化。因为情绪可以为一些远古人类常常面临的问题提供简单的解决方法（如产生恐惧并决定逃离）。

许多学派给情绪下的定义反映了这些特点和这类关系。例如，功能主义者把情绪定义为：情绪是个体与环境意义事件之间关系的心理现象。阿诺德的定义为：情绪是对趋向知觉为有益的、离开知觉为有害的东西的一种体验倾向。这种体验倾向为一种相应的接近或退避的生理变化模式所伴随。拉扎勒斯提出与阿诺德相似的定义：情绪是来自正在进行着的环境中好的或不好的信息的生理、心理反应的组织，它依赖于短时的或持续的评价。这些定义都表示情绪对人的需要和态度的关系，阿诺德和拉扎勒斯还指出了情绪依此而具有的特点，如体验、生理模式、评价等。

容易和情绪混淆的概念主要有以下几种。

（1）感觉：个人对情绪的主观认识，更私人化，因人而异。

（2）心情：主体所处的感情状态，比情绪延续时间长，感情波动不如情绪强烈。

（3）情感：一个比较笼统的概念，有时包括情绪、感觉和心情，有时可以用来专指情绪。

一、情绪的构成要素

情绪既是主观感受，又是客观生理反应，具有一定的目的性，也是一种社会表达。情绪是多元的、复杂的综合事件。情绪构成理论认为，在情绪发生的时候，有5个基本元素必须在短时间内协调、同步进行。

1. 认知评估

注意到外界发生的事件，认知系统自动评估这个事件的感情色彩，因而触发接下来的情绪反应。例如，看到心爱的宠物死亡，主人的认知系统把这件事评估为对自身有重要影响的负面事件。

2. 身体反应

是情绪的生理构成，即身体自动反应，使主体适应这一突发状况。例如，意识到死亡无法挽回，宠物的主人神经系统觉醒度降低，全身乏力，心跳频率变慢。

3. 感受

人们体验到的主观感情。例如，在宠物死亡后，主人的身体和心理产生一系列反应，主观意识察觉到这些变化，把这些反应统称为“悲伤”。

4. 表达

面部和声音变化表现出这个人的情绪，这是为了向周围传达情绪主体对一件事的看法和其行动意向。例如，看到宠物死亡，主人紧皱眉头，嘴角向下，哭泣。对情绪的表达既有人类共通的成分，也有各自独有的成分。

5. 行动的倾向

情绪会产生动机。例如，悲伤的时候希望找人倾诉，愤怒的时候会做一些平时不会做的事。

二、情绪的主要分类

人类的情绪有几百种，此外还有很多混合、变种、突变以及具有细微差异的“近亲”。情绪的微妙之处已经大大超越了人类语言能够形容的范围。情绪不可能被完全消灭，但可以进行有效疏导、有效管理、适度控制。

情绪无好坏之分，一般只划分为积极情绪和消极情绪。由情绪引发的行为则有好坏之分，行为的后果也有好坏之分，所以情绪管理并非消灭情绪，而是疏导情绪，把情绪合理化之后的信念与行为。

（一）基本理论

来自美国加利福尼亚大学旧金山分校的心理学家保罗·艾克曼的研究发现，在一定程度上证实了人类的确存在少数几种核心情绪。艾克曼指出，人类的4种基本情绪（喜、怒、哀、惧）所对应的特定面部表情，为世界各地不同的文化所公认，包括没有文字、尚未受到电影和电视影响的人群，这说明情绪具有普遍性。需要注意的是，这里所说的喜、怒、哀、惧分别是指喜悦、愤怒、悲伤、恐惧，而不是日常我们所讲的喜怒哀乐。

（二）维度理论

按照情绪状态可将情绪分为心境、激情和应激三种。情绪状态划分来源于情绪维度理论，情绪的维度是指情绪所固有的某些特征，主要指情绪的动力性、激动性、强度和紧张度等方面。这些特征的变化又具有两极性。冯特提出的三维理论认为，情绪是由3个维度组成的，即愉快—不愉快；激动—平静；紧张—松弛。每一种具体情绪分布在3个维度的两极之间不同的位置上。他的这种看法为情绪的维度理论奠定了基础。

20世纪50年代，施洛伯格根据面部表情的研究提出情绪的维度有愉快—不愉快，注意—拒绝和激活水平3个维度，并由此建立了一个三维模式图，如图6-1所示，其长轴为快乐维度，短轴为注意维度，垂直于椭圆面的轴则是激活水平的强度维度，3个不同水平的维度整合可以得到不同情绪。20世纪60年代末，普拉切克提出情绪具有强度、相似性和两极性3个维度，并用一个倒锥体来说明3个维度之间的关系，如图6-2所示。其中锥体截面顶部是8种最强烈的基本情绪：悲痛、恐惧、惊奇、接受、狂喜、狂怒、警惕、憎恨，每一类情绪中都有一些性质相似、强度依次递减的情绪，如厌恶、厌烦，哀伤、忧郁。美国心理学家伊扎德提出了情绪的四维理论，认为情绪有愉快度、紧张度、激动度、确信度4个维度。

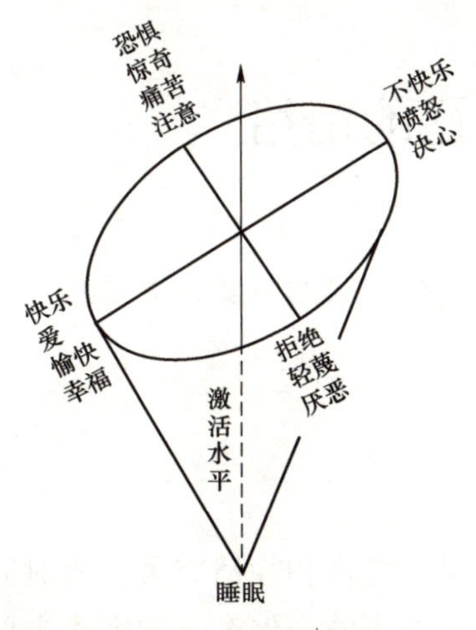

图6-1　三维模式图

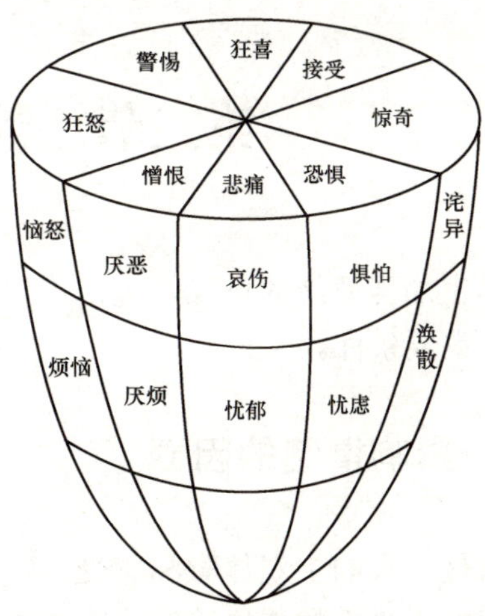

图6-2　普拉切克的倒锥体

我国学者黄希庭认为若撇开情绪所指的具体对象，仅就情绪体验的性质来看，可从以下 4 方面进行分析：强度、紧张度、快感度、复杂度。按照情绪发生的速度、强度和持续时间对情绪的划分可将情绪分为心境、激情和应激 3 种。

1. 心境

心境是一种微弱、弥散和持久的情绪，即平时说的心情。心境的好坏常常是由某个具体而直接的原因造成的，它所带来的愉快或不愉快会保持一个较长的时段，并且把这种情绪带入工作、学习和生活中，影响人的感知、思维和记忆。愉快的心境让人精神抖擞，感知敏锐，思维活跃，待人宽容；而不愉快的心境让人萎靡不振，感知和思维麻木，多疑，看到的、听到的全都是不如意、不顺心的事物。

2. 激情

激情是一种猛烈、迅疾和短暂的情绪，类似于平时说的激动。激情是由某个事件或原因引起的当场发作，情绪表现猛烈，但持续的时间不长，并且牵涉面不广。激情通过激烈的言语爆发出来，是一种心理能量的宣泄。从一个较长的时段来看，激情对人的身心健康的平衡有益，但过激的情绪也会使当时的失衡心态产生可能的危险，特别是当激情表现为惊恐、狂怒而又爆发不出来的时候，会出现全身发抖、手脚冰凉、小便失禁、浑身瘫软，此时需要及时送医治疗。

3. 应激

应激是机体在各种内外环境因素及社会、心理因素刺激时所出现的全身性非特异性适应反应，又称为应激反应。这些刺激因素称为应激源。应激是在出乎意料的紧迫与危险情况下引起的高速而高度紧张的情绪状态。应激的最直接表现即精神紧张，指受各种过强的不良刺激，以及对它们的生理、心理反应的总和。应激反应是指所有对生物系统导致损耗的非特异性生理、心理反应的总和。

第二节　管理好自己的情绪

大学生加强情绪的自我管理，不仅是维护个人身心健康的需要，更是自我发展和人格成熟的重要条件。

一、影响情绪的因素

情绪是个人的主观体验和感受，常跟心情、气质、性格和性情有关。面对同样的事情，不同的人产生的情绪不同。影响情绪的因素是多方面的，但客观的因素主要包括以下 3 个方面。

1. 生理因素

人体的一切生理活动都是起落有常，而非恒定不变，这就是生物钟。生物钟支配着人体的血压、脉搏、激素分泌等 100 多种生理活动，从而产生生理活动的高潮期和低潮期，导致情绪的表现不同。

2. 气质类型

现代心理学家认为，气质是人类典型的、稳定的心理特点，主要表现在情绪体验的强弱、快慢上，以及在隐显动作的敏感或迟钝方面。人的气质类型不同，情绪表现特点就不同，如胆汁质类型的人感情强烈，易于激昂，脾气急躁，情绪体验的波动性较大。

3. 环境因素

环境因素也会影响情绪。大自然的变化、颜色的刺激，音乐等都会对情绪产生影响，如有些人会在阴雨天气时情绪低落。现代医学研究表明，人类大脑中的自然电磁压力在满月时会发生变化，导致情绪不稳定，容易激动。

二、情绪与情感的区别

首先，情绪出现较早，多与人的生理性需要相联系；情感出现较晚，多与人的社会性需要相联系。婴儿一生下来，就有哭、笑等情绪表现，而且大多与食物、水、温暖、困倦等生理性需要相关；情感是在幼儿时期，随着心智的成熟和发展而产生的，多与求知、交往、艺术陶冶、人生追求等社会性需要有关。因此，情绪是人和动物共有的，但只有人类才会有情感。

其次，情绪具有情境性和暂时性；情感则具有深刻性和稳定性。情绪常由身旁的事物所引起，又常随着场合的改变和人、事的转换而变化。所以，有的人情绪常会表现出喜怒无常，很难持久。情感可以说是在多次情绪体验的基础上形成的稳定的态度体验，如对一个人的爱和尊敬，可能是一生不变的。正因为如此，情感特征常被作为人的个性和道德品质评价的重要方面。

最后，情绪具有冲动性和明显的外部表现；情感则比较内隐。人在情绪左右下常常不能自控，高兴时手舞足蹈，郁闷时垂头丧气，愤怒时又暴跳如雷。情感更多的是内心的体验，深沉而且久远，不轻易流露出来。

三、大学生的情绪特点

1. 情绪的丰富性

从自我意识的发展看，大学生出现较多的是自我体验、自我尊重的需要，易产生自卑、自负等情绪；从社交方面看，大学生的交往范围日益扩大，同学、朋友及师长之间交往频繁，有的大学生开始谈恋爱，情绪表现得更细腻、复杂；大学生通过各种活动了解社会，学习社会的道德规范，对自己的身份、角色、志向、价值等问题有了更深入的思考，理智感、美感、集体荣誉感等高级情感也有所发展。

2. 情绪的不稳定性

由于大学生的人生观、价值观还未完全定型，认知能力还有待提高，大学生的情绪活动往往强烈而不能持久，情绪活动随着认知标准的改变而改变。喜怒哀乐无常、阴晴雾雨变化是大学生情绪常见的现象，风平浪静之后可能就是疾风暴雨。大学生情绪容易从一个极端走向另一个极端，高兴时忘乎所以，看什么都顺眼；消沉时心灰意冷，看什么都别扭，情绪呈现不稳定状态。

3. 情绪的掩饰性

大学生随着知识水平的提高，思想内涵的丰富，在情绪反应上较隐晦。他们已具备在一定的情景下压抑控制自己愤怒、悲伤等情绪，而将真实的情绪掩饰起来的能力，形成外在表现和内心体验不一致的特点。他们会根据一定的条件来表达情绪，如对一件事情或对某人明明是厌烦的，但由于种种原因，可能表现出较好的或不在意的态度。

4. 情绪的冲动性

有的心理学家把青年期形容为“疾风怒涛”时期。大学生的情绪往往表现得快而强烈，常因一点小事振奋不已，豪情万丈。大学生情绪的冲动性一般表现为对外部环境或他人的不满，情绪失控，语言、行动极富攻击性，如果不予以引导，会给大学生本人以及社会带来危害。

四、如何进行情绪调节

1. 自我控制

它是个人对自身的心理和行为的主动掌握，是个体自觉地选择目标，在没有外界监督的情况下，适当地控制、调节自己的行为，抑制冲动，抵制诱惑，坚持不懈地保证目标实现的一种综合能力。当某些消极情绪被激发起来后，有的大学生会哭泣、吼叫、打人、骂人甚至采取一些极端的行为。这时就要先冷静下来，有意识对自己的情绪进行控制，先要仔细考虑采取这种行为的利与弊，然后选择一种适宜的行为方式表达自己的情绪。

2. 注意转移

把注意力从引起不良情绪反应的刺激情境转移到其他事物上去或从事其他活动

的情绪调节方法。当出现情绪不佳的情况时，要把注意力转移到使自己感兴趣的事情上，或暂时避开令人伤心的地方，例如，外出散步、看电影、听听笑话、看看幽默小说、打球、下棋、找朋友聊天、换换环境等，这些活动有助于使情绪平静下来，在活动中寻找到新的快乐。这种方法，一方面中止了不良刺激源的作用，防止不良情绪的泛化、蔓延；另一方面，通过参与新的活动，特别是自己感兴趣的活动而达到增进积极情绪的目的。

3. 自我安慰

这种情绪调节方法主要是当一个人追求某个事物而不能实现时，为了减少内心失望，找一个借口或理由，以缓解矛盾冲突，消除焦虑、抑郁、烦恼和失望情绪。人不可能处处顺心、事事顺利，学习、就业、人际交往中遇到了困难和挫折，在经过最大努力仍不能改变状况时，可适当地进行自我安慰，要说服自己适当让步，将不成功归因于客观条件和客观现实，同时要勇于承认并接受现实。经常用“胜败乃兵家常事”“塞翁失马，焉知非福”“坏事变好事”等词语来进行自我安慰，可以摆脱烦恼，缓解矛盾冲突，消除焦虑、抑郁和失望，达到自我激励、总结经验、吸取教训的目的，有助于保持情绪的安宁和稳定。

4. 适当发泄

当情绪发作时，人体内潜藏着一股能量，过分压抑只会使情绪困扰加重，积聚起来会有害身心健康。当有焦虑、烦闷、抑郁等负情绪时，也不能一味地把不良情绪藏在心底，应进行适度的宣泄，使压抑的心境得到缓解和改善，从而有利于身心健康。

情绪的发泄有直接和间接两种，直接的宣泄就是直接针对引发情绪的刺激来表达情绪。当直接发泄对于别人或自己不利时，则可以用间接发泄，如找个僻静地方大声叫骂、抨击使人恼怒的对象；或是尽情地向亲朋好友倾诉自己的不平和委屈；或是通过体育运动、劳动等方式来尽情发泄；或是在感觉生活压力太大时，通过写日记的办法将负面情绪用文字的形式记录下来。一旦发泄完毕，心情也就随之平静下来，负面情绪得以缓解。

第三节　提升个人的职业情商

一、大学生情商现状

在我国，引起大众对情商的热烈讨论和集体关注，是从 1997 年丹尼尔·戈尔曼出版的《情商：为什么情商比智商更重要》一书开始的。通俗地讲，情商主要是指人在情绪、情感、意志、耐受挫折等方面的品质，它多与后天的培养紧密相关。然而，无论是近年来的各种媒体报道，还是专业的学术调查，都可发现当前我国大学生的情商现状不容乐观。

1. 以自我为中心成为大学生群体中的普遍现象

这直接导致他们缺乏自我觉察和自省的意识，在遇到问题时不擅于从自身找缘由，将过失归咎于外部因素；也会造成他们在人际交往过程中缺乏换位思考的意识，对他人不够宽容、尊重和理解，进而爆发口角或肢体冲突。

2. 情绪管理能力不足已成为高校大学生的共性心理问题

很多学生会表现出不能合理控制情绪，很容易产生闷闷不乐、意志消沉、歇斯底里等负面情绪，而且一旦陷入这类情绪，他们无力较快调节好心境并恢复正常。另外，学生抗压、抗挫折能力弱已是不争的事实，近年来高校大学生屡见不鲜的恶性事件，正是这一问题的体现。

二、大学生情商问题的原因

大学生情商方面存在的问题，有的来自自身，有的来自以下 3 个方面。

1. 大学生过往的受教育经历

一方面，我国现在的家庭对待孩子，重“养”轻“教”，重“智商”轻“情商”。家长在力所能及的范围内努力给孩子提供最优渥的物质享受，想让孩子享受到幸福的生活；同时家长过度关注孩子的学习成绩，忽视生活能力的锻炼和道德品行的培养。另一方面，一些中小学由于教育现状带来的升学率压力，学校为学生补课、留大量作业、分快慢班等措施，这些单纯为提高学生分数为目的的行为导致“德智体美劳全面发展”“进行素质教育”成为空谈。学生在经历多年这种模式的教育后，升入大学的他们自然很难表现出高情商的作为。

2. 一些高校对大学生的管理制度拘泥于传统模式

在社会多元化的今天，很多高校依旧保留着 20 世纪管理学生的制度，对学生的要求过于僵化，不适合现今学生的思想形态，缺乏灵活性。

3. 个别不良社会风气对大学生起到某些负面作用

现在有些人的追求趋于物质化、利益化，有些网络平台、媒体也在传播这种不良的价值观，大学生在心智还尚未成熟的情况下，难免会接纳这些负面信息，从而影响到自己为人处世的方式。

三、提高情商的途径

目前大部分大学校园都开设心理健康教育课程，以课堂、个人咨询为主，辅以各类心理知识讲座、心理常识宣传等。这些都可以成为高校心理健康教师对学生进行情商教育的平台，其中团体心理咨询是很有效的方式。团体心理咨询是一种在团体情境下提供心理帮助与指导的咨询形式。它能让大学生在同质的集体中诠释自我、感同身受，并利用团体的力量改变自我，从而达到提高情商的目的。

未来职场环境、职场竞争和人际交往关系都远比校园复杂。作为大学生，我们除了依托学校的教育平台学会管理情绪、提高情商外，也要提高情商培育意识，积极主动地提升情绪管理能力，提高情商商数，为日后的职场高情商奠定良好基础。

1. 更多地了解自我

美国心理学家卡尔·罗杰斯曾指出，每个人心中都有一个理想自我，理想自我与现实自我越相近，人的情商就越高。由于大学生普遍自我意识不足，他们眼中的自己和别人眼中的自己往往不一致，常常高估或低估自己，对现实无所适从，对未来职场感到茫然。因此增强自我意识和他人意识的评价是极为有益的做法。可以尝试通过写日记和周记的方式提高自我意识。每周结束后，回顾一个星期以来自己的表现。例如，对过去的一周感受最深的是什么？什么事件导致了这种感受？经历这个事件时自己做出了哪些反应？别人对那些反应的反馈是怎样的？完成周记后可与其他人交流，比较一下自我意识与他人对自己的评价有什么不同之处。也可以自己在一张纸上分别写出自己的优点和缺点，完成之后跟朋友分享交流，比较一下自我评价与他人评价的差异。一般情况下我们会发现写自己的缺点比写优点容易得多，这会启发我们对自身优缺点进行辩证思考，更客观地评价自己。

2. 提升个人竞争力

个人竞争力是反映大学生情商水平的一个重要指标，而一项针对成功企业家的调查显示，竞争力常常与诚实、勇气、感恩、谦虚这些关键词相关。

尽管大学生被认为是追求个性化的一个群体，但在进行深入沟通后会发现，他们中的很多人在个性表现上却常常缺乏诚实和勇气。有的大学生为了得到别人的满意和认可，会违心地做出与自己真实意思相反的行为；有些大学生不会拒绝他人，经常在想说“不”的时候被迫说“是”。为了改变这种状况，我们可以尝试在朋友、同学或者家人中找出一人，对他说出自己的这些类似缺点，观察对方的反应。通常对方的反应会以积极的为主，不会因一个人的缺点而鄙视或斥责，而会更加欣赏这种坦诚，甚至会感同身受，让二人的关系更加牢固。

培养感恩的方法也是如此，可以尝试向曾经有恩于自己的人用口头或书面的形式表达心中的感激之情，在得到对方积极的回应后，就强化了我们的感恩意识。

为了培养谦虚的品质，我们要有意识地多注意自己在不同场合的言行是否妥当，适时地少说话、多听他人的意见，与别人分享成功时要多强调他人的功劳，学会谦让。

3. 学会情绪调节

人的情绪总是处于波动之中，情商高的人处理情绪能够得心应手，反之，会受情绪干扰，影响正常生活。大学生由于阅历有限，调节情绪的能力往往不高，在面临学习、恋爱、人际关系等问题时，难免陷入情绪的困境中，不懂得如何应对。

事实上，生活中出现负面情绪是正常的，提高情商并不是要求不出现负面情绪，而是养成善于解决不良情绪的能力。要养成习惯，多去发现生活中的乐趣，哪怕面临逆境，也要明白“塞翁失马，焉知非福”的道理，寻找事情当中的意义。要认识到任何逆境都会给当事人带来成长，让人变得更加坚强、宽容、承受、豁达；任何困难的事情完成后，都会感受到成就感或者是得到失败的经验。

我们面临的很多情绪问题的主因常常不在于事情本身，而是取决于我们头脑中的思维方式。生气、失望、纠结等情绪往往源自个体自身的不合理期待，太多的“应该”“绝对”“必须”的想法容易把情绪带入死角。解决这一现象，可以运用艾利斯的合理情绪疗法。他主张人的坏情绪是来自头脑中的不合理信念，而非事件本身。该疗法总结的 11 条不合理信念对提高情商有很大的帮助。

4. 培养沟通技能

大学生在沟通中常见问题包括犹犹豫豫和办事武断。例如，在宿舍这样的小群体中，由于担心自己的提议不被同学采纳而没面子，一些同学面对需要作出决策的事情时会表现得犹犹豫豫，这是一种比较典型的消极沟通状态，不利于人际关系的促进。相反，如果在沟通过程中过于武断，凡事都不经过思考轻易做决定，也势必会影响沟通效果，给人留下鲁莽、不细心的印象。

一个人的沟通能力能直接反映出他的情商水平，也在很大程度上决定着他学习、生活、工作的成败。沟通能力强的同学能够与老师、同学保持良好关系，在班级、社团、学生会等组织内部能够与他人协调合作。

培养沟通技能，首先，要注意适当表达，既不能胆怯不敢发表自己的看法，也不能坚持己见滔滔不绝。其次，要学会倾听，在别人讲话的时候要给予注视，真正用心在听，理解对方的话；还要在对方表达期间给予适当的回应，让对方了解你在积极倾听，让他感受到自己的表述被尊重。最后，表情和姿势也都能透露出沟通者的态度，这些都是有效沟通的必备要素。

5. 培养社会责任感

现在大多数的大学生对时事政治和社会万象的关注度已远不及从前。很多大学生更着迷各类网游、综艺、影视、球赛、文体明星，私下交流的内容多为这些领域，缺乏社会责任感。

培养社会责任感需要在平常生活中从点滴小事做起，学会道歉和谅解。大学生自尊心强，在需要道歉的场合往往不好意思诚恳地道歉，让他们尝试在小事上做出真诚的道歉，形成习惯后，在面对将来的社会责任时才能够拿得起、放得下。另外，事情无论大小，能用宽广的胸怀原谅无心犯错的人或真心悔过的人都是高情商的表现，要在平时遇到小摩擦、小心结时，有意识地练习谅解。

培养社会责任感还要改变对于责任感的认知。要减少冷漠，多参与社会活动，如做公益、参观文化展、接触各类人文信息，而且不能流于形式，要真正深入其中，用心做事，才能真正有所感悟，得到心灵上的触动。

增加同理心也很重要。我们要培养自己“将心比心”的能力，尊重并理解他人的处境和想法，用“人所欲施与人”的态度和方法行事。有时候尽管不需要赞成他人的言论，但至少要做到理解他人的立场。只有在心平气和的状态下，才能理智看待社会中的各类事件，不至于偏激、有失公正。

一个人的情商体现在生活中的方方面面。只要我们有意识去培养，处处都是课堂。情商培养需要一个缓慢的过程，我们要保持信心并不断实践，不能急于求成或轻易放弃。

情商的提升，不是技巧的学习，而是一个品德提升、知人善报、通情达理、互惠互利的过程，也是为未来职场成功播下的一颗种子。

第四节　培育良好的职业心态

培养积极健康的职业心态对于大学生适应未来的职场非常重要，尤其对于高职学生。相对于本科生，高职学生在校学习时间短，踏入社会实践和工作岗位较早。提前了解职业心态相关知识，积极培养良好心态，有助于高职学生入职后的职业发展和职业生涯的成功。

职业心态由一般性职业心态和专业性职业心态组成。一般性职业心态是共性的，是所有职业都需要的。它包含的内容很丰富：归零的心态、积极的心态、团队的心态、双赢的心态、包容的心态、学习的心态、奉献的心态、服从的心态、竞争的心态、专注的心态、感恩的心态等。专业性职业心态更多的是在工作过程中历练而成的，如销售员的坚持不懈，财务员的认真严谨等。

一、空杯的职业心态

一个人要想应对时代和环境的变化，必须随机应变。而要做到以变应变，就要求我们具有空杯心态。做事的前提是先要有好心态，如果想学到更多学问，想提升职业能力，先要把自己想象成一个空着的杯子，而不是骄傲自满，故步自封。世界著名的管理大师松下幸之助曾经讲过一个故事。有一次，他在管理中遇到了困难，自己难以解决，就找到一位高僧寻求帮助。这位高僧给他面前的杯子倒水，水已经满了，都流到桌上了，高僧还是不停地倒。他忽然领悟到高僧的用意：装满水的杯子就像自满的心，无法在事业中成长。所以，学会拥有空杯的心态，用谦逊的心，让自己归零，才能有新的成长与收获。

在职场上真正经得起风雨的人，是那些有真才实学、有空杯心态的人。有的人在某个行业里做了很多年，就认为自己是这个行业里的行家里手，没有不懂的东西。于是认为别人在自己眼里都是外行，别人讲的东西都听不进去。实际上“天外有天，人外有人”，尤其是在知识经济时代，科技飞速发展，知识更新加快，如果不虚心学习新的知识和方法，即使你原来的专业知识很扎实，也一样会被社会的进步潮流所淘汰，所以要活到老、学到老。

二、积极的职业心态

案例

塞尔玛与《快乐的城堡》

塞尔玛随丈夫驻扎在沙漠里的陆军基地。丈夫奉命去演习了，她孑然一人留在沙漠的小铁皮房子里。天气酷热得让人虚脱，她于是出门想找人聊聊天。可是附近却只有不会说英语的墨西哥人和印第安人。塞尔玛非常沮丧，她写信给父母，打算抛下一切回家去……父亲给塞尔玛回了一封信，信中只有一句话：“两个人从牢中的铁窗望出去：一个人看到了泥土，另一个人却看到了星星。”

塞尔玛反复读着这封信，感觉非常惭愧，她决定要在沙漠中找到属于她的星星。于是塞尔玛开始尝试着和当地人交朋友。他们的友好给了她无数惊喜：纺织品、陶品、仙人掌、土拨鼠、几万年前留下的海螺壳……沙漠没有改变，印第安人也没有改变，但塞尔玛的心态改变了。原来难以忍受的环境变成了令人兴奋、流连忘返的奇景，变成了一生中最有意义的冒险。塞尔玛为自己发现的新世界兴奋不已，几年后她写了一本书，名字就叫《快乐的城堡》。她从自己打造的“牢房”里望出去，终于看到了星星。

思考：塞尔玛的故事带给你什么启示？

成功人士的首要标志就是积极的心态。如果一个人心态积极，能乐观地面对人生，乐观地接受挑战和应对困难，那他就成功了一半。

如何看待人生，是由我们自己决定的。纳粹德国某集中营的一位幸存者维克托·弗兰克尔曾经说过这样一段话：“在任何特定的环境中，如果人们还有一种最后的自由的话，那就是选择自己的态度。”人生的际遇，职场的顺境逆境，怎样看待取决于不同的心态。

每个人都渴望自己能够事业成功，实现职业理想。而成功的要素其实掌握在我们自己的手中。成功是运用积极心态的结果，一个人能飞多高，主要是由他自己的心态所决定。德国心理学家马尔比·马布科克说：“最常见同时也是代价最高昂的一个错误，是认为成功有赖于某种天才、某种魔力、某些我们不具备的东西。”我们的心态在很大程度上决定了我们人生的成败。

人与人之间只有很小的差异，但是这种很小的差异却造成了巨大的不同。很小的差异就是所具备的心态是积极的还是消极的，巨大的不同就是成功和失败。有了积极的心态，并不能保证事事成功，但是积极的心态肯定会改变一个人的日常生活和职业生涯。而拥有消极心态的人往往怨天尤人，牢骚满腹，必然很难成功，生活和职场也很难顺畅。“不为失败找理由，只为成功找方法。”这句看似简单的话，却是打开成功之门的最好钥匙。

三、团队的职业心态

有一个天堂与地狱的故事，讲的是一个人问上帝天堂与地狱的区别。上帝于是领着这个人来到了地狱，他发现地狱里的人个个瘦骨嶙峋、郁郁寡欢。他们都用一个特制的勺子喝粥，勺子的把特别长，勺子的头很小，舀出的粥都洒在了地上，不能喝到嘴里，最后桶里的粥被舀光了，却谁也没吃饱。大家互相埋怨、互相憎恨。上帝又把这个人领到了天堂，他发现天堂里的人个个红光满面，笑逐颜开。他们用的是同样的勺子，吃的是同样的粥，但他们把粥舀出来喂别人，你喂我，我喂你，结果大家都吃到了粥。

这个故事其实很好地诠释了“我为人人，人人为我”的团队职业心态。团队职业心态的核心是给予、感恩、欣赏、宽容、服务。学会把个人心态让位于团队心态，机会的大门就会为你敞开，无论在学校的团体生活中，还是在职场团队中，个人发展的路就会越走越宽。

培养团队职业心态可以从身边小事做起。例如，在宿舍这个小团队中，尽力做一些力所能及的事情，努力和舍友一起打造和谐的空间，尽一己之责。再如在班级小组工作中或者社团中，能够尊重其他成员，产生团队认同感，并努力通过自己的实际行动增加团队的凝聚力。同时在与别人一起做事情时，有意识地培养服务意识。

某个班上有个同学总是主动擦黑板，而且每次都是乐呵呵的。别人问她为什么，她说老师讲课辛苦，自己坐在前排，下课也不喜欢出去玩，为大家擦黑板很方便。老师表扬这个班级的黑板总是干干净净的叫人心情愉快。同学们很开心，班里有这么勤快可爱的同学。而这位同学也成了班级里很受欢迎的人，大家有活动时都愿意跟她搭档，这也是团队的职业心态。

四、把自己当成老板的职业心态

所谓老板心态，指的是一种使命感、责任心、事业心，也是一种从大处着眼、小处着手的工作精神。在职场上它是对效率、效果、质量、成本、品牌等方面持续的关注与尽心尽力的工作态度。作为员工，如果能站在老板的角度考虑问题，那么很多事情也就迎刃而解了。员工抱有一份老板的心态，处处把自己的利益和企业的利益结合起来，处处为公司考虑，才能成为老板眼中最职业、最专业的员工，才能在自己的能力与效率之外，拥有一份积极的工作态度，同时也为自己加重筹码，赢得老板的赏识，逐步实现职业理想。

案例

老板心态就是“每桶四美元”

很久以前，在美国标准石油公司里，有一位小职员叫阿基勃特。在远行住旅馆时，他总是在自己签名的下方，写上“每桶四美元的标准石油”字样，在书信及收据上也不例外地签了名，就一定写上那几个字。他因此被同事叫作“每桶四美元”，而他的真名倒没有人叫了。

公司董事长洛克菲勒知道这件事后说：“竟有职员如此努力宣传公司的声誉，我要见见他。”于是邀请阿基勃特共进晚餐。后来洛克菲勒卸任，阿基勃特成了第二任董事长。这其实是一件谁都可以做到的小事，可是只有阿基勃特一个人去做了，而且坚定不移、乐此不疲。嘲笑他的人中，肯定有不少人的才华、能力在他之上，可是最后只有他成了董事长。可以这么讲，有老板心态的人，最终不一定都会成为老板。但是，没有老板心态的人，最终肯定成不了老板。

五、阳光的职业心态

阳光心态是积极、知足、感恩、达观的一种心智模式。心理学家研究发现，在我们的烦恼中有 40%属于杞人忧天，那些事根本就不会发生；30%是怎么烦恼都无法改变的既定事实；另外 12%是事实上并不存在的幻想；还有 8%是日常生活中微不足道的小事。也就是说，我们的脑袋中有 92%的烦恼是自寻的，只有 8%的烦恼才有负面意义。难怪亚里士多德说：“生命的本质在于追求快乐。”

使生命快乐的途径有两条：一是发现使你快乐的时光，增加它；二是发现使你不快乐的时光，减少它。拥有阳光心态的人不是没有黑暗和悲伤的时候，只是他们追寻阳光的心态不会因为黑暗和悲伤而消失。我们培养积极阳光的心态不妨从以下几方面开始。

1. 不能改变环境，就适应环境

有一个人练习搬山术，苦练了若干年后，发功搬山，结果山没搬动。他向师父抱怨：“我搬不动山。”师父对他说：“山搬不过来，可是你可以到山那边去啊。”一些难以靠一己之力改变的环境，我们可以换个角度，尝试改变自己的思维方式。

2. 不能改变别人，就改变自己

每一枚硬币都有正反两面。我们每个人也是，没有只有缺点的人，也没有只有优点的人。我们和别人有分歧的时候，往往是大家只看到了彼此其中的一面。改变别人很难，我们要学会通过改变自己去影响别人。遇到不好解决的事情时，把注意力放在寻找更多解决方案上远远好过怎样改变事件中的人。面对问题时，改变一下自己的方法、方式，有时候很快会发现“山重水复疑无路，柳暗花明又一村”。

3. 不能改变事情，就改变对事情的态度

有一个民间故事叫“西邻五子食不愁”，说的是西邻有5个儿子：老大老实，老二机灵，老三瞎眼，老四驼背，老五跛足。这位西邻很懂得改变对现实的态度和看法，他的安排是：老实者务农，机灵者经商，眼瞎者按摩，背驼者搓绳，足跛者纺线。结果，全家衣食无忧，其乐融融。

面对无法改变的事情时，积极调整心态，最大限度地扬长避短，这正是西邻的智慧之处，也是我们应该学习的地方。格局大，思路开阔的人，通常能以更多维的角度看待事情。我们平时多从这些方面磨炼自己，未来才能更好地处理职场上遇到的各种事情。

4. 不能向上比较，就向下比较

大家经常说，不想当将军的士兵不是一个好士兵，不想当船长的水手不是一个好水手。但是只有一个人能当将军、船长，更多的人和你一样，甚至位置比你更低。如果你这样想，你的心胸就会变得开阔起来。适度竞争会产生活力，过度竞争则会身心疲惫。无论在学校的学习生活中还是在职场上，既要有力争上游、勇夺第一的上进心，也要有能坦然接受平凡、甘于做兵卒的豁达。

一、思考问题

1. 情绪和情感有什么不同？
2. 管理情绪的方法有哪些？
3. 培养情商的途径有哪些？
4. 怎样培养积极的职业心态？

二、拓展实践

情绪会影响到大学生的生理健康，比如消极情绪会导致一些肠胃疾病、神经衰弱。

情绪会影响到学习和工作效率以及人际关系。大学生常见的情绪困扰包括焦虑、自卑、抑郁、嫉妒和愤怒等。你可以试着做一下下列测试题，看看自己情绪是否稳定。在学校里可以通过专业的老师帮助制订情绪管理方案，更好地提高情商。

1. 我有能力克服各种困难。________

A. 是的

B. 不一定

C. 不是的

2. 即使猛兽关在笼子里，我也会感到惴惴不安。________

A. 是的

B. 不一定

C. 不是的

3. 如果我能到一个新环境，我要________。

A. 把生活安排得跟从前不一样

B. 不确定

C. 跟从前一样

4. 整个一生中，我一直觉得我能达到所预期的目标。________

A. 是的

B. 不一定

C. 不是的

5. 我在小学时敬佩的老师，到现在仍然令我敬佩。________

A. 是的

B. 不一定

C. 不是的

6. 不知为什么，有些人总是回避我或者冷淡我。________

A. 是的

B. 不一定

C. 不是的

7. 虽然我善意待人，但总是得不到好报。________

A. 是的

B. 不一定

C. 不是的

8. 在大街上，我常常避开我不愿意打招呼的人。________

A. 极少如此

B. 偶尔如此

C. 有时如此

9. 当我聚精会神地欣赏音乐时如果有人在旁边高谈阔论，我会感到恼怒。________

A. 我仍能专心听音乐

B. 介于A和C之间

C. 不能专心，而且感到恼怒

10. 我无论到什么地方，都能清楚地辨别方向。________

A. 是的

B. 不一定

C. 不是的

11. 我热爱我所学的知识。________

A. 是的

B. 不一定

C. 不是的

12. 生动的梦境常常干扰我的睡眠。________

A. 经常如此

B. 偶尔如此

C. 从不如此

13. 季节气候的变化一般不影响情绪。________

A. 是的

B. 介于A和C之间

C. 不是的

计分说明：

1. A. 2　B. 1　C. 0
2. A. 0　B. 1　C. 2
3. A. 0　B. 1　C. 2
4. A. 2　B. 1　C. 0
5. A. 2　B. 1　C. 0
6. A. 0　B. 1　C. 2
7. A. 0　B. 1　C. 2
8. A. 2　B. 1　C. 0
9. A. 2　B. 1　C. 0
10. A. 2　B. 1　C. 0
11. A. 2　B. 1　C. 0
12. A. 0　B. 1　C. 2
13. A. 2　B. 1　C. 0

结果说明与建议参考：

（1）17～26分：情绪稳定。

你的情绪稳定，性格成熟，能面对现实；通常能以沉着的态度应付现实中出现的各种问题；行动充满魅力，有勇气，有维护脱节的精神。

（2）13～16 分：情绪基本稳定。

你的情绪有变化但不大，通常能以沉着的态度应付现实中出现的一般性问题；在大事面前，有时会急躁不安，难免会受到环境影响。

（3）0～12 分：情绪激动。

你情绪比较容易激动，容易产生烦恼；不容易应付现实中遇到的挫折和困难；容易受环境支配而心神动摇；不能面对现实，常常焦躁不安，身心疲乏，甚至失眠等。因此，要注意调节自己的心境，通过一些行动主动控制情绪，使自己保持情绪稳定。

第七章

创新能力

【知识目标】

1. 理解创新的概念与本质，了解创新的形式与作用。
2. 明白高职生创新的意义以及高职生开展创新的特点与优势。
3. 熟练运用创新技法，根据所学专业尝试创新活动。
4. 培养自己的创新习惯，养成符合自身特点的创新品格和精神。

【导入案例】

据说篮球运动刚诞生时，篮板上钉的是真正的篮子。每当球投进时，就有一个专门的人踩在梯子上把球拿出来。因此，比赛总是断断续续地进行，缺少激烈紧张的气氛。为了让比赛更顺畅地进行，人们想了很多取球的方法，但都不理想。有位发明家甚至制造了一种机器，在下面一拉就能把球弹出来。不过这种方法仍没能让篮球比赛紧张激烈起来。

后来有一天，一位父亲带着他的儿子来看球赛。小男孩看到大人们一次次不辞劳苦地取球，不解地问："为什么不把篮筐的底去掉呢？"大人们听后如梦初醒，于是就有了我们今天看到的篮网样式。

去掉篮筐那么简单，但那么多有识之士都没有想到，这听来让人费解。然而，这个简单的问题困扰了人们那么多年，可见无形的思维定式，就像那个结实的篮子禁锢了我们的头脑，使得我们的思维就像篮球被囚禁了篮筐里，于是我们盲目地去搬梯子，去造机器。生活中许多时候我们就需要这样一把剪刀，去剪掉那些缠绕我们的篮筐的底。

讨论：你怎样看待生活中的"剪刀"？

第一节 创新的本质与意义

一、创新的概念与本质

“创新”一词源于著名的经济学家熊彼特的著作《经济发展理论》。这本书于 1911 年出版，标志着创新经济学的建立。熊彼特认为，创新不是单纯技术上的新发明、新创造，而是普遍应用在经济领域的概念。

创新在政治、经济、文化、商业、教育等各个领域中都占有非常重要的地位。创新意味着新思维、新方法、新角度、新发明和新描述。

广义上的创新包括创造新产品、创造新理论、创造新方法、创造新体制及开辟新市场等；狭义上的创新是指技术创新。

创新是个体为满足一定的需求，运用已知的信息和现有的条件，产生出新的、有价值的成果的思维和实践活动。它包括三层含义。

第一，创造新事物。新事物可以是有形的，如莱特兄弟发明的飞机、瓦特发明的蒸汽机。也可以是无形的，如爱因斯坦发现的相对论、阿基米德提出的杠杆原理。

第二，对旧事物的改良、更新。比如人们以前用来炒菜的铁锅，有一个缺点，就是容易生锈。后来人们改进了制铁工艺，制造了不锈钢铁锅；之后针对不锈钢铁锅的缺点，又制造了不粘锅。这种对已有事物的改良也是一种创新。

第三，对旧理念、旧习惯等的改变。比如为了满足现代年轻顾客的需求，设计师对传统的旗袍样式或用料进行改变，设计出现代版的改良款式旗袍；又如第一次从事某一项活动等，都属于一种创新。

创新的本质是突破。创新就是为了更好地发展和进步，冲破固有的模式，突破旧的思维定式，打破常规，去发现、发明新的具有社会价值和个人价值的新事物或新思想。

“新”是创新活动的核心要素，是突破的结果。

创新具有以下特征。

1. 创新具有社会性

创新主要是一种个体的创造过程。创新是社会的产物，它不是抽象的孤立存在，创新给社会和人类带来价值，必然具有社会性。创新的个体性不排斥社会性；相反，它需要得到社会的认可和支持。

2. 创新具有价值性

创新一定要具有价值，给社会和人类带来价值；没有价值甚至是带来价值破坏的不是创新。1999 年，大卫・史密斯发明了 Melissa worm（梅丽莎蠕虫），通过盗用的 AOL 账号大量传播。这个病毒造成了巨大的破坏：包括微软、英特尔、朗讯科技等大公司在内，美国共有 300 多家公司的网络遭感染，由于网络超载使他们不得不关闭邮件系统，因此造成的损失多达 8 000 万美元。

3. 创新具有新颖性

新颖性是创新的主要特点。创新的核心是求新，是与众不同，是标新立异。没有超前意识，一味地崇拜权威，故步自封，跟随大流，就谈不上创新。

创新的新颖性包括 3 个层次。

（1）世界新颖性：创造出世界上前所未有的事物，如贝尔发明电话。

（2）局部新颖性：世界上某些地方有，但对某个地区来说是新的，或者大部分和传统一样，只是部分不一样，如新能源汽车。

（3）个体新颖性：只是对创造者个人来说，是前所未有的。

4. 创新具有个体性

创新的关键是创新者如何看待传统观念、权威意见和公认的常识。著名的思想大师怀海特把创新比喻为“思想的历险”，非常生动地表达了创新的个体性。思想主要是一种个体活动，创新主要是个体的创造过程，具有个体性。

5. 创新具有风险性

创新过程充满许多不确定性，可能成功，也可能失败。创新行为和成果可能得到承认，也可能受到质疑和批判，甚至受到人身侵害。日心说的维护者布鲁诺就因宣传进步的宇宙观，反对宗教哲学，引起了罗马宗教裁判所的恐慌和仇恨，最后被判为“异端”，烧死在罗马鲜花广场。

二、创新的形式与作用

1. 产品创新

产品创新是指通过技术改变现有产品。3D 打印机、超薄洗衣机、太阳能热水器等都是创新产品。

根据技术变化多少的程度，创新可分为重大产品创新和渐进产品创新。

2. 工艺创新

工艺创新是指在生产过程中应用新工艺、新装备和新的管理流程。例如，人们从大豆中提取润滑油代替石油，用玉米作为原材料制造环保的餐具。

3. 模式创新

模式创新是指改变通用的创造价值的方式，为企业开拓新的市场，提供新的价值。例如，网上销售相对于传统的销售就是一种模式创新。

4. 职能创新

职能创新是指在计划、组织、控制、协调等管理职能方面采用新的更有效的方法和手段。例如，企业采用新的奖励办法，学校改用新的测评学生学业的方式。

世界进入知识经济时代，信息技术不断发展，创新理论和创新实践得到越来越多人的重视。尤其是随着全球经济一体化的进程日益加快，创新日渐成为时代的发展符号。创新不仅成为一个国家经济发展的重要途径，也成为个人发展的有效手段。创新也是创业的基础，是创业的本质与源泉。

三、高职院校大学生创新的意义

在经济发展的新形势下，创新是高职生重要的教育目标之一。创新教育有利于高职院校大学生的长远发展。

1. 有利于职业生涯设计

许多高职生是在升入本科院校失利的情况下进入高职院校学习的。他们所选择的专业和未来职业生涯往往缺少清晰的规划，对于自己将来的职业发展和前途都缺乏坚定的信心。

创新教育和创新活动有助于高职院校大学生合理设计职业生涯。创新会开发他们的潜能，培养思考能力和实践能力，在创新的过程中他们会对自己的优势能力和发展方向有逐渐清晰的认识，从而能够更合理地规划未来的职业生涯。

2. 有利于提高就业能力

当今社会就业竞争激烈，有些高职院校大学生认为自己毕业后学历不高，没有高超的技术，缺乏竞争优势，不容易找到理想的工作，因此学习期间缺乏自信心和主动性，失去进步的动力，甚至把打游戏、穿衣打扮、追剧当成主业，荒废时光，得过且过。

高职院校大学生创新可以改变被动就业的消极心态，在创新过程中学会主动学习，养成敢想、敢试、能干、能闯的习惯，破除只有高学历才能就业好的旧观念。创新活动的开展一方面拓宽了就业渠道，另一方面也有效地增强了就业能力。

3. 有利于提高整体素质

高职院校大学生创新利于提高其整体素质。我们要意识到创新不是一件高不可攀的事情。许多小改革、小发明，在生活和学习实践中都能做到，而这些不起眼的小创新很可能成就未来的大创新、大事业。

高职院校大学生的主要就业岗位是技术人员。现代社会发展需要大量的高素质技术人员，而我们国家目前这方面的人员非常匮乏。现代高素质技术人员应该具备 6 项关键技能，其中就包括自主学习能力和创新能力。

高职院校大学生创新能有效地提升学习能力和今后的工作能力，对性格发展也能起到良好的带动作用。

四、创新的意识与兴趣的激发

在科技飞速发展的今天，创新意识和创新能力已经成为一个国家是否具有国际竞争力的核心决定因素。创新意识推动了人们的思想解放，有利于人们形成开阔的思维方式、先进的思想观念。创新意识是创新发展的基本条件。

创新意识与兴趣能促进创造活动的成功，是促使人们积极追求新奇事物的一种心理倾向。强烈的创新意识与兴趣让人勇于创造条件，乐于适应环境，并对创新活动充满热情。古今中外许许多多的创新成功者，都是沿着创新意识与兴趣—创新活动—创新成功这三部曲走向辉煌的。高职院校大学生可以从以下几方面培养其创新的意识与兴趣。

1. 树立创新的信心

打破“专科文凭没出路”等对高职院校大学生的传统偏见，从内心树立起自信心，要善于发现自身的优点和潜力。丢掉旧思想，勇于冲破藩篱，这是走向创新的第一步。

2. 培养自主学习的兴趣

宽泛的知识面是培育创新意识与兴趣的肥沃土壤。学习不仅仅局限于课堂，课外书、网络、电视节目、学习软件及与他人交流谈话中，只要有心，处处可以学到各种各样的知识。

3. 勇于质疑

古希腊著名科学家亚里士多德认为：物体的下落速度和它的重量成正比，物体越重，下落的速度就越快。几千年以来，人们始终把这个学说当成真理。但年轻的伽利略却对此提出了质疑，并进行了著名的比萨斜塔实验，推翻了亚里士多德的臆断。

高职院校大学生要富有怀疑精神，对司空见惯的现象也在心里问：“为什么是这样？”“那样不行吗？”“怎么是这样？”遇到不明白的问题，要打破砂锅问到底，弄明白事情的本源和实质。

4. 乐于实践

高职院校大学生年轻，有活力，要养成动手做事的好习惯；要善于把学到的课本知识运用到实践当中去：能不能把身边的某样东西改进一下，可不可以把某个活动换个形式进行一下。实践既会让人体会到理论的强大，也会让人发现现有理论的不足，从而催生创新。实践会带来意想不到的乐趣，也会进一步激发创新的意识与兴趣。

第二节 创新潜质与创新精神

一、高职院校大学生开展创新的特点与优势

高职院校大学生和千千万万本科院校的学生一样，都是国家创新创业的生力军。虽然不是所有学生都适合创新创业，但树立良好的创新创业意识，锻炼自身的综合职业素质，经历创新创业的艰苦过程，会对大学生活和未来的职场生活产生深远的影响，帮助他们更好地自我成长，也有助于日后的就业选择和职场成功。

与普通高校学生相比，高职院校大学生开展的创新活动具有下列特点。

1. 创新动机往往与就业动机有关

高职院校大学生毕业后，选择直接就业的比率明显高于普通本科生，选择考研究生和出国留学的比率较低。谋求更好的工作机会、不甘心被动就业成了很多高职院校大学生创新活动的初始动机。

2. 服务型创新活动较多

由于高职院校的教育活动侧重培养实用型人才，教学内容一般不涉及带有前沿性、研究开发性质的高科技项目，学生的创新活动也偏重于服务型项目。这类创新项目也具有投资少、见效快的特点。

3. 创新活动带有较强的模仿性

高职院校大学生的创新活动大多是从模仿别人的项目开始，经过一个阶段后，逐渐步入真正的创新阶段。

4. 创新活动带有多样性的特点

高职院校大学生注重实际，容易接受变化结果，适应性也较强。当创新活动受到阻碍或者达不到创新结果时，他们往往选择更换创新项目，不断尝试新的创新途径。

5. 创新思想比较活跃

开展创新活动的高职院校大学生一般没有太多的思想包袱，想法比较单纯，也勇于实践自己的创新计划。他们本身承受的来自家庭和学校的期待值和压力都不大，这使他们开展创新活动时敢想敢做，创新思想活跃。

虽然社会普遍认为高职院校大学生在知识基础、自治能力等方面和本科院校学生相比具有一定劣势，但是高职学生的创新能力和成就正越来越多地为社会所认可。在创新创业方面，高职院校大学生具有很多优势：

① 高职院校的课程设置利于学生创新活动的开展；

② 高职院校学生的实践能力利于开展创新活动；

③ 高职院校学生的务实思想使创新活动容易取得成果；

④ 高职院校学生的创新机会多。

二、创新人才的初步规划

所谓创新人才，是指具有创新意识、创新精神、创新思维、创新知识、创新能力并具有良好的创新人格，能够通过自己的创造性劳动取得创新成果，在某一领域、某一行业、某一工作上为社会发展和人类进步做出创新贡献的人。

当今的中国正处在发展的战略机遇期，国家迫切需要创新型人才，大力推进国家自主创新，实现中华民族伟大复兴的历史使命。习近平总书记指出“青年学生富有想象力和创造力，是创新创业的有生力量。希望广大青年学生把自己的人生追求同国家发展进步、人民伟大实践紧密结合起来，刻苦学习，脚踏实地，锐意进取，在创新创业中展示才华，服务社会”。大学生要顺应时代发展潮流，做有理想、有抱负的人，努力成为新时代创新型人才，为实现家国梦想而拼搏。

一般所说的创新型人才，就是具有创新精神和创新能力的人才。这类人才通常思想开放、头脑灵活、好奇心强，具有精力充沛、意志坚强、做事专注、想象力丰富及勇于冒险等性格特点。

创新型人才虽然有不同的类型，但都具备一些共同特点。

1. 具有良好的创新人格

创新型人才通常具有良好的道德修养，能够与他人合作或共处。

2. 具有扎实的创新知识

创新型人才在某一领域或某一方面具有广博而扎实的知识，有较高的专业水平，而且具有自我学习与探索的能力。例如：杨杰，来自安徽机电职业技术学院的一名优秀的毕业生，是芜湖巨能科技的创始人。2011 年，杨杰进入大学学习，他非常认真地学习专业知识，同时刻苦钻研课外科技知识，并利用课余时间参与大量的科技创新项目。这不

仅使他专业知识扎实，也锻炼了自我学习与探索的创新能力，为他日后的创新创业打下了坚实的基础。他的“LED 行人护墙项目”于 2012 年获得国家知识产权局的发明和实用新型两项专利授权，被国家发改委列为 2013 年度推广科技项目。他先后荣获两项国家实用新型、一项国家发明专利授权，芜湖市青年创业大赛冠军，芜湖市年度创业之星，安徽省十佳大学生提名奖，第九届全国高职高专“发明杯”大学生创新创业大赛一等奖等。

创新型人才拥有的信息量越大，文化素养越高，思路便越开阔，也就越容易开展创新活动，并取得创新成功。

3. 具有可贵的创新品质

有为求真知、新知而敢闯、敢试、敢冒风险的勇气是创新型人才不可或缺的强大精神动力。

4. 具有坚韧的创新意志

创新的过程充满各种阻力、困难、挫折，甚至失败。出身于山东农村的徐胜广，有着与别人不同的想法，他从上大学的时候就“不愿意打一辈子工”，想通过创业实现自己的理想。从大学二年级开始，他就热衷于发明创造，踏上了创业的路。虽然经历了无数次失败，但他从没有放弃过新的尝试和努力，屡败屡战，最终在 28 岁时拥有了三家公司。坚定的目标和态度成就了他“我要自己掌握自己的命运”的初心。

创新型人才需要有非凡的胆识和坚忍不拔的毅力，不断克服各种艰难困苦，坚持初心，不轻言放弃，才能取得创新成果。

5. 具有敏锐的创新洞察能力

创新型人才必须具有敏锐的观察能力、深刻的洞察能力、见微知著的直觉能力、一触即发的灵感和顿悟，只有善于将观察到的事物与已掌握的知识联系起来，发现事物之间的必然联系，才能及时地发现别人没有发现的东西。创新型人才的观察力同时还应当是准确的，能够入木三分，发现事物的本质，具有在平常中寻求不平常的创新观察能力。壶水沸腾使瓦特发明了蒸汽机，苹果落地使牛顿创立了“万有引力”学说，划破鲁班手指的野草细齿使他发明了锯子，这些都说明了敏锐的创新洞察能力在创新中的重要作用。

6. 具有科学的创新实践

创新的过程是依据事物的客观规律进行探索的过程，任何一种创新都不是凭空臆想的。创新型人才必须以科学的态度进行创新实践。山东省寿光的王乐义是冬暖式蔬菜大棚的发明人。他为了得到蔬菜大棚的最佳地理朝向，在当地连续两年使用罗盘观测光照情况，最后得出了当地大棚最佳朝向为正南偏西 5° 的科学论断。这种严谨、科学的创新实践态度，使他先后研发了立体种植、无土栽培等 20 多项蔬菜种植新技术，成为创新典范。仅有创新意识和创新能力还不能算是创新人才，创新人才首先是全面发展的人才；

个性的自由、独立、发展是创新人才成长与发展的前提，模式化的人和被套以种种条条框框的人不可能成为创新型人才。

三、创新信心与勇气的激发

创新在于揭示自然界更深层的本质，发明更简单有效的产品，而自然界是纷繁复杂的，要追寻发现本质，探查出真相是非常困难的，经常会面临许多挫折、失败。另外，创新需要打破传统，有时要损害既得利益者，必然受到传统维护者和既得利益者的重重阻挠和反对。因此，创新过程充满许多不确定性，可能成功，也可能失败。创新行为和成果可能得到承认，也可能受到质疑和批判，甚至受到人身侵害。日心说的维护者布鲁诺就因宣传进步的宇宙观，反对宗教哲学，引起了罗马宗教裁判所的恐慌和仇恨，最后被判为“异端”，烧死在罗马鲜花广场。因此，任何创新都是有风险的，都有可能不成功的概率。要不断地保持创新能力，必须时时激发自己的创新勇气，培养自己的创新信心，具体应做到以下几点。

1. 不要给自己贴“标签”

有时候我们会说，“我英语学不好”或“我很胆小”或“我内心不够强大”，等等。这样会无形给自己贴上标签，而一旦标签内化为我们的一部分，它们就开始影响和操控我们。因此，要培养自己的创新信心，激发创新勇气，必须做到不要给自己贴“标签”。

2. 建立一种习惯

拥有勇气并不意味着全然消灭恐惧。认为勇气和恐惧不能并存的想法是错误的。事实上，恐惧不可能根除。那些非常有勇气的人，内心也会有恐惧，只是他们能不断地激励自己勇往直前，去采取行动。在很害怕的情况下，采取行动，也会让你变得更有勇气。你越是勤奋地练习使用勇气，就越会拥有更多的勇气。面临威胁和挑战时，采取行动一旦成为习惯，你就会向解决问题的方向迈进了一步。

3. 让你的身体做领路人

第一次面临某项未知的挑战时，采取行动对任何人来说恐怕都非常艰难。例如，第一次当众上台讲话，第一次坐过山车，第一次做饭。在这些情况下，你一定不要犹豫，也不要用“头脑”分析。因为你在原地待的时间越长，眼前的事情做起来就越困难——“头脑”已经开始喋喋不休地编造各种故事来恐吓你。无论眼前的挑战来自精神还是身体，你都可以让身体作为领路人，要么直接采取针对性的行动，要么通过感受、调动和增强身体的能量来缓解精神的紧张，这些都可以很好地解决问题。

4. 记录勇气清单

无论是在生活中，还是在工作中，勇气都会有一个不断增长的过程。你需要把自己曾经体验到的各种充满勇气的时刻记录下来，每当你超出自己想象并成功采取行动时，都需要记录下来。某些时刻，你可能觉得理所当然，因为并没有认出来那个时刻的你所表现的正是勇气，尽管你当时仅仅是做了必须去做的事情。当你面对这份不断增加长度的勇气清单时，你就会发现所有成功做到的事情其实都遵循同样的模式。

5. 让勇气扩散

如果你想要过一种充满激情的生活，你就必须学会让勇气扩散。通过记录勇气，就会不断使自己深受激励，将来遇到和以往不同的陌生情境，要坚信再次接受挑战也一定会取得成功。只有这样，你才能让自己的勇气扩散开来，并有意识地在生活或工作的各个领域更多地应用这份勇气。

四、创新意志品质的培养

成为创新型人才，除了先天禀赋外，自身的后天努力具有不可替代的重要作用，因此，青年人要不断培养自己的创新意志品质。创新意志品质是指人们在接受创新能力培养过程中发自内在的科学创新意识。它是指人们根据社会和个体生活发展的需要，引起创造前所未有的事物或观念的动机，并在创造活动中表现出的意向、愿望和设想。创新意识反映了人们对创新的认知和态度，也是进行创新活动的精神态势，可以激励人们发挥自己的潜在能力，是一种重要的精神力量。

1. 创新意志品质的构成

创新意识的构成包括创新动机、创新兴趣、创新情感和创新意志。

1）创新动机

创新动机是创新活动的动力因素，它能推动和激励人们不断发动和维持进行创新活动。一旦创新动机引发出创新活动，它就能使人们表现出极大的积极性，进行持久的创新活动。明确而强烈的创新动机，是创新意识激发起创新活动并最终取得创新成功的重要条件。

2）创新兴趣

创新兴趣能促进创新活动的成功，是促使人们积极探究新奇事物的心理倾向。创新兴趣可以让人勇于接受创新条件，乐于适应环境，并对创新活动充满热情。古今中外，许多创新成功者都是沿着创新兴趣—创新活动—创新成功的步骤一路走来的。

3）创新情感

创新情感是引起、推进乃至完成创新的心理因素。人类世界的一切有效的变革没有积极的、富于个性的、情感的参与就不会获得真正意义上的成功。只有具有正确的创新情感，才能使创新取得成功。

4）创新意志

创新意志是在创新中克服困难，冲破阻碍的心理因素，创新意志具有目的性、顽强性和自制性。

2. 创新意志品质的培养

1）培养求知欲

“学而创，创而学”，这是创新的根本途径。大学生要具备勤奋、求知的精神，不断地学习新知识，在自主创新中发挥主力军作用。

2）培养好奇心

将蒙昧时期的好奇心向求知时期的好奇心转化，这是坚持、发展好奇心的重要环节。要对自己接触到的现象保持旺盛的好奇心，要敢于在新奇的现象面前提出问题，不要怕问题简单，不要怕被人耻笑。

3）培养创造欲

不满足于现成的思想、观点、方法，要经常思考如何在原有基础上创新发明、推陈出新，经常思考：能否换个角度看问题？有没有更简捷有效的方法和途径？

4）培养质疑力

“学起于思，思源于疑”。有疑问才能促使学生去思考，去探索，去创新。因此，大学生要大胆质疑，提出多种解决问题的方案及最佳方法。从多角度培养自己的思维能力，激励自己创新。大学生要勇于提问，大胆提出问题是培养创新意识的重要途径。提出问题是取得知识的先导，只有提出问题，才能解决问题。一定要以锐不可当的开拓精神，树立和提高自己的自信心。既要尊重名人和权威，虚心学习他们的丰富知识经验，又要敢于超过他们，在他们已进行的创造性劳动的基础上进行新的创造。

第三节 创新思维

一、创新思维概念和特征

（一）思维与创新思维

思维是人类从社会实践中产生的一种特有的精神活动，是人类借助语言或者其他媒介对客观事物的概括和间接的反映过程。思维以感知为基础又超越感知的界限。它探索与发现事物的内部本质联系和规律性，是认识过程的高级阶段。思维是人类获取知识及运用知识求解问题的根本途径，帮助人类在自然界的竞争中脱颖而出，并能靠着思维不断探索、利用自然。

创新思维是指以新颖独特的方法解决问题的思维过程，通常能突破常规思维，以超常规甚至反常规的方法、视角去思考问题，提出独特的问题解决方案，从而产生新颖的、独特的、有社会意义的思维成果。

（二）创新思维的特征

1. 联想性

事物之间联系的必然性是联想的客观基础，联想是将表面看来互不相干的事物联系起来，从而达到创新的效果。如我们常说的由此及彼、举一反三、触类旁通。联想是创新者在创新思考时经常使用的方法，通过积极寻找事物之间的一一对应关系，有意识地将这种方式运用于创新思维过程中。

有一则公益广告如下：

“如果人类不从现在节约水源，保护环境，人类看到的最后一滴水将是自己的眼泪。”

这则公益广告运用了联想性思维，巧妙地表达了不断减少的水资源与人类的眼泪之间的联动关系，发人深省：当最后一滴水是我们自己的眼泪的时候，我们该如何面对。对当今生态文明建设提出了严峻的拷问，这则公益广告正是体现了联想性思维的魅力。

2. 独特性

创新思维的独特性在创新活动过程中，尤其在初期阶段特别明显。它要求人们必须有与众不同的风格和别具一格的方法。世界著名作曲家莫扎特年少时曾师从伟大的作曲家海顿。有一次，莫扎特写了一个曲子给老师，并预言老师弹奏不了，海顿开始自信地弹奏了一段时间说："这怎么可能？两手分别在钢琴两端弹奏的时候，怎么会有一个音符出现在键盘中间？"莫扎特此时说："老师您看。"只见他遇到键盘中间出现的音符时，便俯下身，用鼻子弹了出来。莫扎特这一动作让海顿大吃一惊，同时也为莫扎特的创新思维感到非常佩服和自豪。莫扎特后来之所以能成为大师，与他这种思维的独特性是密不可分的。

3. 多维性

多维性思维是一种开放性思维。其过程是从某一点出发，任意发散，既无一定方向，也无一定范围，从多角度、多层次寻找问题解决的方案。众所周知，人的行动可能会受到各种条件的限制，而人的思维活动却是灵活多变、多维发散的。这就要求人们开阔视野、转换思路，在思维领域展示世界的多样性。

4. 批判性

批判性是指人们在思维过程中，打破固有的经验、传统观念和权威的束缚，换个角度看风景，做到不唯书，不唯上，只为实。人类历史是一部"正确" 和"错误"共同编织的历史，科学技术上的很多革新都是批判性思维的结晶。

二、常见的创新思维障碍

人的思维通常会沿着一定方向和一定次序，并由此形成思维惯性，即会在遇到类似问题时产生一种思维惯性，这就形成了固定的思维模式，叫作思维定式，而思维障碍是思维惯性和思维定式二者的结合，是创新过程中的绊脚石和拦路虎，因此要进行创新思维，首先必须突破思维障碍。常见的创新思维障碍有以下几种类型。

（一）定式思维

定式思维对于创造性地解决问题是一种障碍，它使人思路阻塞，难以爆发出创新的思想火花。定式思维的表现形式主要包括以下几种。

1. 从众思维

实验证明，从众心理是部分个体普遍存在的心理现象。人们在创新思维过程中，往往受到外界人群行为的影响，使自己的知觉、判断、认识上自觉表现出符合公众舆论或多数人的行为方式。

2. 权威思维

人们在长期的学习和生活中逐渐养成了对权威包括领导、长辈、专家、书本等的尊重甚至崇拜，不敢怀疑权威的理论或观点，由此成为创新思维的障碍。权威的意见应当批判性地看待，不为权威的意见所束缚和限制，才能取得成功。

诺贝尔物理学奖的获得者、美国物理学家温伯格曾经说过，不要安于书本上的答案，要勇于尝试下一步，尝试发现是否有与书本上不同的东西。

3. 惯性思维

生活中，人们习惯于按照已有的被反复证明有效的经验和模式来思考和行事，有时确实能节约时间，减少投入。但是创新思维过程中，多数情况下惯性思维是有害的，能使我们陷入惯性思维的陷阱。

拿破仑当年被流放到圣赫勒拿岛后，他的一位善于谋略的密友，通过秘密方式给他一副用象牙和软玉制成的国际象棋。拿破仑对如此精美珍贵的象棋爱不释手，从此一个人默默下起了象棋，打发着孤独痛苦的时光，直至走到生命的尽头。

拿破仑死后，这副象棋多次转手拍卖。后来一个拥有者在玩这副象棋时惊讶地发现，有一枚棋子的底部是可以打开的，里面塞有一张如何逃出圣赫勒拿岛的详细计划！

拿破仑如果用当年运筹帷幄的军事谋略来看待这副象棋的话，也许是另外一番天地，但正是惯性思维束缚了他的头脑，封闭了他的思考方向。

4. 线性思维

人们由于受经验的影响，在解决问题时往往用“一是一，二是二”的直线性思维去解决问题，这种思维让人们不敢从侧面、反面或迂回地来思考，最终难免陷入思维的误区。

有这样一则幽默故事：美国航天员在太空中用圆珠笔写不出字来，于是美国航天局决定划拨 100 万美元的专款攻关，研制出专用的“太空笔”。庆祝之余有位官员突生疑问：苏联航天员在太空中是用什么笔写字的呢？一批精干的谍报人员被派了出去，答案很快就有了：苏联航天员用的是铅笔！

这就是典型的直线性思维障碍惹的祸。美国航天局把多元问题变为一元问题，拘泥于用圆珠笔写字，最终耗费了大量的财力。

（二）偏见思维

偏见就是根据头脑中已有的见解来观察和认识事物。偏见种类有很多，主要有以下几种。

1. 经验偏见

经验是一把双刃剑：既可以使我们少走弯路，提高效率，又可能因为对经验的夸大和过分依赖以致衍生偏见。因此，在创新思维过程中，切忌机械地照搬经验，要克服经验偏见。

《伊索寓言》中有一个故事，有只驴子驮着盐过河。它的脚一滑，跌倒在河水中，它站起来时顿感身上轻松了许多，因为盐在水中都溶化了。它很高兴。后来有一天，它又驮着海绵过河，想到之前的经验，跌倒在水里再站起来定会更轻松。于是，它故意地跌倒在河里，但是它没想到海绵是吸水的，吸过水的海绵沉重地压在身上，导致驴子再也没能站起来，最后淹死在河里。

故事中驴子的悲剧就在于机械地照搬了经验，忽略了事物之间的差异性，结果聪明反被聪明误，酿成悲剧。

2. 文化偏见

文化偏见是指人们看待事物时打上习俗、文化、宗教等烙印而产生的偏见。这是由于人们往往受到所处环境长期积淀的文化影响。文化偏见会导致在思维过程中影响对事物的客观评价，不利于问题解决。因此，克服文化偏见才能够实现创新。

海尔集团的对开门冰箱就是一个成功的例子。它的设计基于美国用户的饮食文化，拥有超大的横向空间，能存放椭圆形大比萨；同时考虑到西方人经常要用到冰块，该冰箱还具有快速制冰功能和专门空间。正是因为海尔的研发团队克服了美国的文化偏见，实现了海尔冰箱在美国本土化的成功。

3. 位置偏见

位置偏见也就是“思不出其位”。它是因为所处的物理位置的不同而导致意识的微妙的偏离。“横看成岭侧成峰，远近高低各不同”“盲人摸象”等都是由于存在位置偏见。现实生活中，人们所处的位置、不同的年龄阶段、不同的学历层次、不同的生活环境等都会对同样的事物产生完全不同的感受和认知。例如，在企业里，老板总抱怨员工磨洋工，办事效率低下；而员工总抱怨老板发的工资待遇低，经常加班，老板不体谅员工。这其实就是老板和员工所处的位置不同而导致的位置偏见。

三、创新思维方法的应用

常见的创新思维包括发散思维、聚合思维、联想思维、逆向思维、侧向思维、互联网思维。

（一）发散思维

发散思维，又称扩散思维、求异思维、辐射思维或放射思维，是指大脑在思维时从一个研究或思考对象出发，从一点联想到多点，呈现出多维发散状，产生的由此及彼的多项创新成果。如使用“一题多解”“一事多写”“一物多用”等方式，培养发散思维能力。不少心理学家认为，发散思维是创造思维最主要的方法，是测定创造力的主要标志之一。发散思维举例如图 7-1 所示。

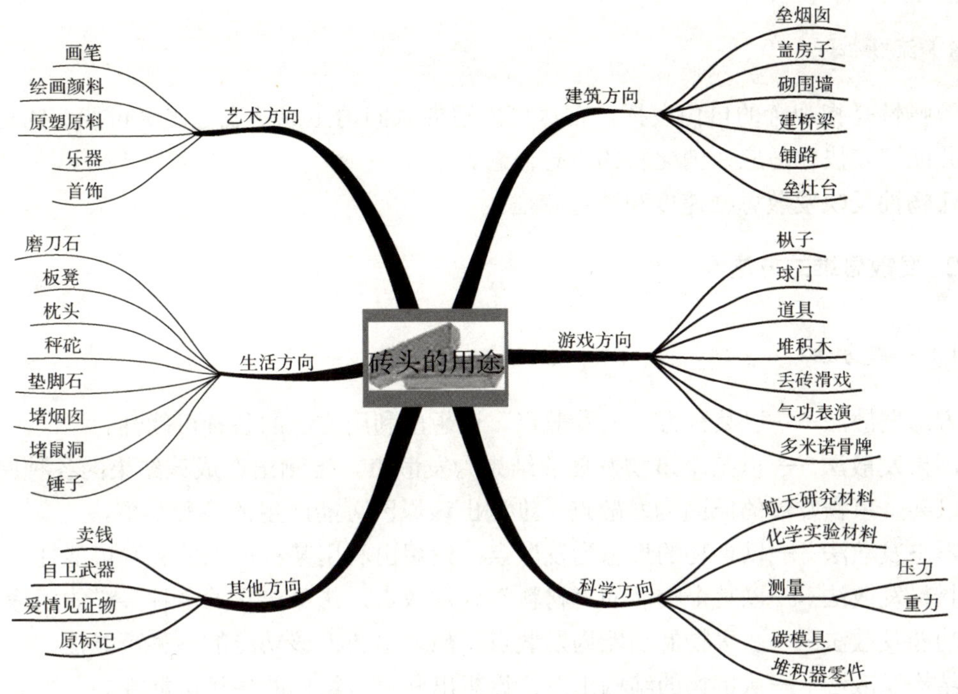

图 7-1　发散思维举例

1. 发散思维的特征

1）多感官性

发散思维除了运用视觉思维和听觉思维外，也要充分利用其他感官来接收、加工信息。发散思维还与情绪和情感有密切关系。如果能够促使思维者激发兴趣，产生激情，把信息感性化，赋予信息以感情色彩，会提高发散思维的速度与效果。

2）独特性

独特性是指人们在发散思维中做出与众不同的新奇反应的能力。

独特性是发散思维的最高目标。

3）变通性

变通性就是打破人们头脑中原有的、僵化的思维框架，按照某个新的角度和方向来思考问题的过程。

变通性反映发散思维的多面性和多样性。

变通性需要借助横向类比、纵向类比、跨域转化，不墨守成规，能随机应变，使发散思维沿着不同的角度和方向扩散。

4）流畅性

流畅性是指观念的自由发挥，在尽可能短的时间内生成并表达出尽可能多的思维观念，并能够较快地适应、消化新的思想概念。

流畅性反映发散思维速度和数量特征。

2. 发散思维的方法

1）一般方法

方法发散法——以某种方法为发散点，设想出利用方法的各种可能性。

因果发散法——以某个事物发展的结果为发散点，推测出造成该结果的各种原因，或者以某个事物发展的原因为发散点，推测出该原因可能产生的各种结果。

形态发散法——以事物的形态为发散点，设想出利用某种形态的各种可能性。

材料发散法——以某个物品的“材料”为发散点，想象出它的多种多样的用途。

功能发散法——以事物的功能为发散点，想象出获得该功能的各种可能性。

结构发散法——从事物的结构出发，设想出利用该结构的各种可能性。

组合发散法——以某事物为发散点，尽可能多地把它与别的事物进行组合，形成新事物。

例如：在课堂上，老师要求同学们尽可能地想象“△”和什么东西相似或相近。

同学们汇总了各种和“△”相似或相近的东西：馒头、涵洞、峭石、山峰、堡垒、城门、隧道口、喷水池、橱窗、尼龙秧棚、坟墓、萌芽、乌篷船、仙鹤戏水、枪洞、子弹头、树荫、海上日出、插秧、拱桥、盾牌、活页木铁夹、天边浮云……

2）集体发散思维

发散思维不是一个人的事情，还可以充分利用周围的无限资源，采用头脑风暴方法，发挥集体的力量，集思广益。

3）假设推测法

假设的问题不论是任意选取的，还是有所限定的，所涉及的都应当是与事实相反的情况，是暂时不可能或现实不存在的事物对象和状态。由假设推测法得出的观念大多可能是不切实际的，甚至是荒谬的、不可行的，但是重要的是有些观念经过转换后，可能成为合理的有用的思想。

（二）聚合思维

聚合思维又叫收敛思维或求同思维，是将广阔的思路汇聚起来进行分析、整合，最终形成创新方法的思维方式。重要的是从众多可能性的结果中迅速做出判断，得出结论。

以下问题的解决就是运用了聚合思维：

（1）鸽子、蝴蝶、蜜蜂与苍蝇有什么相同之处？

（2）请写出海水与江水的共同之处，越多越好。

（3）请说出家中既发光又发热的东西，找出它们的共同点。

聚合思维和发散思维是统一的。创造性的产物往往是发散思维和聚合思维共同发挥作用的结果。从这个意义上讲，发散思维是聚合思维的基础，而聚合思维是发散思维的出发点和归宿，因此聚合思维是创新思维的重要组成部分。

1. 聚合思维的特性

1）连续性

发散思维是一种跳跃式的思维方式，是从一个设想到另一个设想，具有间断性；而聚合思维要求环环相扣，条理性较强，具有连续性。

2）求实性

发散思维因其具有的开放性，产生的众多设想或方案多数都是不成熟的、不实际的。我们必须对发散思维的结果进行有效筛选；而在聚合思维过程中，由于按照实用的标准及较强的条理，是切实可行的，因此聚合思维表现出很强的求实性。

3）封闭性

发散思维是从一个点出发产生多维的结果，具有开放性；而聚合思维则是把发散思维的多维结果聚集起来，选择一个合理的答案，具有封闭性。

2. 聚合思维的方法

1）聚焦法

聚合思维在解决问题的特定指向上反复思考，必要时甚至可以停顿下来，使原有的思维浓缩聚焦，形成思维的纵向深度，由量变产生质的飞跃，顺利解决问题。

2）目标确定法

通常我们遇到的大量问题都比较明确，只要采用适当的方法，很容易找到解决问题的突破口。但是面对那些不是非常明确的问题，就需要我们准确定位，确定寻求的目标，认真收集和掌握与思维目标有关的信息，围绕目标进行聚合思维。

3）求异思维法

寻找一个唯一条件，这个条件导致一个现象在不同场合出现的情况不同。寻找这一条件的过程，就是求异思维法。

4）求同思维法

寻找一个唯一条件，这个条件导致一个现象在不同场合反复发生。寻找这一条件的过程，就是求同思维法。

隐形飞机的制造就是一个多目标聚焦的结果。这种使敌方雷达监测不到的飞机，分别需要做到雷达隐身、红外隐身、可见光隐身、声波隐身等多个目标，同时每个目标中还细分为许多小目标，最终聚焦制成隐形飞机。

3. 聚合思维的培养

聚合思维的培养步骤与方法如下。

1）收集信息

收集信息是聚合思维的前提，为此应当采取各种方法，收集和掌握与思维目标有关的信息，且多多益善，这样才有可能得出正确结论。

2）信息整理和筛选

信息整理和筛选是聚合思维的关键步骤。对所收集的各种信息进行分析，识别出它们与思维目标的关联程度，保留重要信息，淘汰无关或关系不大的信息。经过整理和筛选后，还要对各种相关信息进行抽象、概括、比较、归纳，从而找出共同的特性和本质的方面。

3）得出科学结论，获得思维目标

实践是检验真理的唯一标准，结论的得出应当遵循事物的客观性，最终得出科学、正确的思维目标。

（三）联想思维

联想思维简称联想，是一种由一个事物的表象、语词、动作或特征联想到其他事物的表象、语词、动作或特征的思维活动。这是一种没有固定思维方向的自由思维活动，人们常说的“由此及彼”“由表及里”“举一反三”等就是联想思维的体现。

联想思维的主要形式包括幻想、玄想、空想。其中，幻想，尤其是科学幻想，在人们的创造活动中具有重要的作用。

1. 联想思维的特性

1）形象性

联想思维基本的思维操作单元是表象，是形象思维的具体化，是一幅幅的画面。因

此，联想思维具有鲜明的形象，十分生动。

2）概括性

联想思维不计较细节如何，快速把联想到的思维结果呈现出来，是一种整体把握的思维操作活动，具有很强的概括性。

3）连续性

联想思维的主要特征是由此及彼，连续地进行；联想链可以是直接的，也可以是迂回曲折的，而链的两端可以是毫不相干的两个事物。

4）目的性和方向性

联想思维是从一定的思考对象和思考方向出发，有目的地、有方向地联想其他事物。

2. 联想思维的方法

事物联系的普遍性是联想思维的基础，自然界的万事万物皆存在某种内在的联系，从中发现互通的东西。根据联想思维产生的目的性，可以把联想思维分为以下两种。

1）自由联想法

自由联想法是在自由奔放的情况下开展的一种积极主动的联想，具有探索性。例如，提及“高速列车”一词，就可以联想到轻轨、车头、车身与安全性能等，还可以联想到高速列车的原理、行驶的速度以及如何减少阻力实现高速运行等。研究表明，自由联想越丰富的人，越有可能成功创新。

2）强迫联想法

与自由联想法不同，强迫联想法是要求对随意看到的两个产品进行联想，是否能构成一种新事物。软件银行集团董事长兼总裁孙正义在美国留学时，每天都给自己 5 分钟时间，从字典里随意找三个名词，然后想方设法把这三个东西组合起来形成一个新的事物，最终一年下来，竟然有 200 多项发明。这些发明为他赚到了人生第一桶金，让他积累了创业的资本。孙正义的成功正是得益于这种强迫联想法。

3. 联想思维的培养

联想思维是建立在事物联系的普遍性基础上，进行的广泛联系、浮想联翩的思维过程。联想思维的培养主要包括：广泛联系，想象、预示，启发、提示，类推。

1）广泛联系

广泛联系是指充分利用事物联系的普遍性，从多角度、多层次、多方面出发，采用外在联系和内在联系、横向联系和纵向联系。实事求是，为联想思维的顺利开展铺平道路。

2）想象、预示

想象是从一个点出发，借助一定的媒介和条件，对暂时没有出现而以后可能出现的事物或者现象进行联想；预示则是对未来的事物和现象进行推测。

想象和预示是联想思维的支撑，只有把握事物内在联系，才能顺利展开想象和做出积极准确的预示。

3）启发、提示

提示的作用是揭示联想的突破口，可以是重点、难点或者转化点。应当引导学生及时转换思维角色，缩小他们脑海中的印象与事物、现象的差距，消除思维障碍，使他们在多视角的思考中，把握事物、现象之间的联系，并将信息进行梳理和整合，将联想思维推向一定的深度。

4）类推

类推的重点在于举一反三、触类旁通，在充分认识事物的基本概念的基础上，类推揭示相似或相反概念的事物，寻求基本概念和一般的具体概念之间的一致性。类推是联想思维产生的重要手段。

相传鲁班在看到工人们大汗淋漓地砍树时，产生了思考：能不能有一种工具可以轻易地把树截断呢？

有一天，他在走一段陡峭的山路时，脚下一滑，他立刻抓住了路旁的一丛茅草，手被草划破，渗出了鲜血，鲁班很好奇："为什么小草还能割破手呢？"带着这个疑问他开始观察草叶，发现草叶上长着很多锋利的小齿。他试着用这些小齿在手上一划，果然又划开了一道口子。他想能不能利用这一原理，发明一个铁质的工具，岂不是可以轻易地砍树了呢？根据这一想法，鲁班制成了人类历史上第一根锯条。

鲁班正是利用了两个事物之间的联系，从茅草割手联想到铁质锯条来砍树，二者的共同点是可以割。

（四）逆向思维

逆向思维也叫求异思维，是对司空见惯的或似乎已成定论的事物或观点反面来思考的一种思维方式。逆向思维敢于"反其道而思之"，让思维向对立面的方向发展，从问题的反面入手，深入地进行探索，树立新思想，创立新形象。

逆向思维并不是漫无目的、不受限制的胡思乱想，而是关注小概率可能性的思维。逆向思维是发现问题、分析问题和解决问题的重要手段，它有助于人们打破惯性思维和思维定式，从而找到解决问题的办法。

1. 逆向思维的特征

1）新颖性

循规蹈矩的思维容易使思维僵化、刻板，得到的往往是一些司空见惯的答案。逆向思维从反面来思考问题，往往得出的结论会给人耳目一新的感觉。

2）普遍性

逆向思维在各种领域中都有适用性。对立统一规律是普遍适用的，正因为有多种多样的对立统一的形式，因此就会对应着多种多样的逆向思维。

3）批判性

逆向思维对常规做法“反其道而行之”。这是逆向思维最重要的特点，它能够克服思维定式，破除由经验和习惯造成的僵化、刻板的认识模式。

日本是一个经济强国，却又是一个资源贫乏国，因此日本人十分崇尚节俭。当复印机大量吞噬纸张时，他们一张白纸正反两面都利用起来，一张顶两张，节约了一半。日本理光公司的科学家不以此为满足，他们通过逆向思维，发明了一种“反复印机”，已经复印过的纸张通过它以后，上面的图文消失了，重新还原成一张白纸。这样一来，一张白纸可以重复使用许多次，解决了纸张浪费的情况。

正是由于这种“反其道而行之”的逆向思维，才使“反复印机”得以发明和应用，不仅创造了财富，节约了资源，而且使人们树立起新的价值观：节俭固然重要，创新更为可贵。

2. 逆向思维的方法

1）转换逆向思维法

转换逆向思维法是指在研究一个问题时，另辟蹊径，不拘泥于当前受阻的手段和途径，转换角度，以便顺利地解决问题的思维方法。司马光砸缸的故事就利用了转换逆向思维法，既然不能到缸里去救人，那就把缸砸碎，手段的转换顺利地解决了问题。

2）缺点逆向思维法

这种方法不是克服和躲避事物的缺点，而是利用事物的缺点，化被动为主动，化不利为有利，找到解决方法。例如，臭豆腐的发现就是利用了豆腐会发臭，但是发臭后却有着别样的口感，无疑是缺点逆向思维法的一种应用。

3）反转逆向思维法

反转逆向思维法是指从已知事物的功能、因果关系、结构等方面向相反方向进行思考，产生发明构思的途径。例如，电锯机的发明就是利用反转逆向思维法的产物，实现了从之前木头不动而锯子动，到反过来木头动而锯子不动。

3. 逆向思维的培养

逆向思维是训练一种小概率思维模式，不是注重人们不受限制地胡思乱想，而是关注小概率可能性。逆向思维是决策思维的重要方式，有助于克服思维定式的局限性，是解决问题的重要手段。

现实中有很多问题需要我们用逆向思维来解决。例如，市场上出售的无烟煎鱼锅，就是把原有煎鱼锅的热源，从锅的下面安装到锅的上面。这是利用逆向思维对结构进行反向思考的产物。因此，我们应该多注意观察，平时可以做一些逆向思维的游戏，以提升自己这方面的能力，以便遇到问题时，能够想出更好的解决方法。

某时装店的员工不小心在一条高档裙子上烧了一个洞。情急之中，这个员工脑子一转，干脆在小洞的周围又挖了许多小洞，并精心修饰了一番，将其命名为“凤尾裙”。没想到，一个经过修饰的满是破洞的凤尾裙却收到了消费者的青睐，并由此开辟了“凤尾裙”的销路。

凤尾裙的例子说明了逆向思维带来了可观的经济效益。无跟袜的诞生与“凤尾裙”异曲同工：袜跟容易穿破，一旦袜跟穿破一双袜子就毁了，商家运用逆向思维制成没有袜跟的“无跟袜”，创造了良好的商机。

（五）侧向思维

侧向思维是发散思维的一种形式，又称“旁通思维”。它是指从其他角度、新的思路得到启发而找到问题解决办法的创新思维方式。侧向思维的要义在于“他山之石，可以攻玉”，借助其他领域的信息、知识、经验，从侧面迂回地解决问题。侧向思维是利用事物之间的相互关联性，运用常人始料不及的思路达到预定的目标。侧向思维要求思维的主体头脑灵活，善于另辟蹊径。

圆珠笔刚刚在日本造出时，困扰厂家的最大问题就是书写一阵后会因圆珠磨损而漏油，有的工程师从改进油墨性能入手，有的工程师从改进圆珠质量入手，无论哪种方法都没能解决圆珠笔漏油问题。渡边是东京山地笔厂的一个普通工人，他发现 4 岁的女儿用圆珠笔时，每次用到快漏油时就丢弃不用。这一现象启发了善于思考的渡边，他想：何不将笔芯做得短一些，以致不等到圆珠笔漏油时，油就用完了。圆珠笔漏油的难题就此解决了。

世间万物都是彼此联系的，从别的领域得到的启发和思路，可以打破原有思维定式的束缚，另辟蹊径，从而顺利地解决问题。

1. 侧向思维方法

1）侧向转换

侧向转换是指将问题转换成为它侧面的其他问题，或将解决问题的手段转为侧面的其他手段，而不是按常规直接地解决问题。

2）侧向移入

侧向移入是解决技术难题或进行产品创新的最基本的思维方式。它是跳出本领域的惯性思维，侧视其他方向和角度；或者直接移植其他领域成熟的技术、原理加以利用；或者从其他事物的特征和原理得到启发，进行创新设想。其应用广泛，如威尔逊根据大雾中抛石子的现象，设计了云雾器；格拉塞观察啤酒冒泡提出了气泡室的设想等，这些都是从其他领域进行借鉴进行创新发明的成功体现。

3）侧向移出

侧向移出与侧向移入相反，是一种立足于跳出本领域，克服线性思维的思考方式。它是指将现有的设想、已取得的发明、已有的技术和产品，从现有的使用领域、使用对象中摆脱出来，将其外推到其他意想不到的领域或对象上。

2. 侧向思维的培养

善于观察是侧向思维的重要基础。观察时除了要注意研究对象，还要间接注意那些具有偶然性或者出乎意料的现象，这些很有可能就是侧向思维的重要线索。

1）辩证地看待事物的侧重点

侧向思维要求即使方向是明显正向的，也要注重那些次要的、配角的、不起眼的角度。这其实是一种强弱的辩证，我们应当意识到，次要也会转为重要，配角也会转为主角，不起眼也会转为起眼。

2）善于“迂回”地思考

拿破仑有一句名言：“我从来不正面攻击一个可以迂回的阵地。”侧向思维往往需要强制自己拐弯抹角地进行思考。能不能养成迂回思考的习惯，是有效进行侧向思维和解决问题的关键。

（六）互联网思维

互联网思维，是伴随时代发展而产生的一种新的思维方式，它是在移动“互联网+”、大数据、云计算等科技不断发展的背景下，对产品、用户、市场、企业价值链乃至对整个商业生态进行重新审视的思维方式。

最早提出互联网思维的是百度公司创始人李彦宏。李彦宏在百度的一个大型活动中，与传统产业的老板、企业家探讨发展问题时，首次提到了“互联网思维”这个词。他认为，即使你做的事情不是互联网，但是今后你的思维方式一定要从互联网的角度去想问题。

互联网思维分为 3 个层级。

层级一：数字化——互联网是终端设备，可以降低成本，提高效率。

层级二：互联网化——利用互联网改变运营流程，如网络营销。

层级三：互联网思维——用互联网主动去融合传统的实体产业。

互联网思维的特征如下。

1. 快速

运用互联网思维的企业，能使企业迅速抓住机遇，掌握竞争的主动权。具体表现为：决策快速，产品更新换代快速，创新快速，组织变革快速及具有快速的市场反应能力。

2. 用户至上、口碑效应

互联网经济崇尚“用户就是上帝”。互联网不同于传统企业，很多服务不但不需要付费，而且追求很高的质量。商业模式汇聚了海量用户，带来了口碑传播，取得了成功。

电视节目《声临其境》的火爆程度，对芒果台来说是始料未及的。在开播前，这档节目很少有人知道；但是开播后，这档节目的曝光率直线上升，演员们扎实的台词功底、敬业的娱乐精神，给观众带来感动的同时，也带来了正能量的传播。许多看过这档节目的观众，都毫不吝啬自己的好评，带动了各大平台上粉丝的激烈讨论，影响了周围更多的人主动去搜索节目观看。

3. 开放性

运用互联网思维的企业都具有开放性。开放的最终目的就是有效地整合内外部资源，提高企业竞争优势。开放是互联网思维的重要特征。

4. 创新性

创新是互联网思维的重要内容，包括产品的创新、技术的创新，更多的还包括服务模式的创新，体制（或机制）的创新、文化的创新和商业模式的创新，更重要的是观念的创新。只有创新，才能提高企业竞争力，才能实现企业的持续发展。

互联网思维强调开放、共享，要想在复杂的环境中取得成功，顺利地开展创新思维，就要把握互联网思维的精髓和本质，有平台思维和专注精神，才能有效地解决问题，提升自己的创新思维能力。

第四节 创新方法

一、组合创造法

（一）组合创造法概述

组合创造法是指按照一定的技术原理或功能目的，将两个或多个元素进行组合或重新安排而得到的新技术、新工艺、新产品、新材料的创新方法。组合创造法是常见的创新方法。目前，大多数创新的成果是通过采用这种方法取得的。

（二）组合创造法的实施步骤与实践应用

组合创造法将多种因素通过建立某种关系组合在一起从而形成组合优势的方法。

第一步，确定要组合的因素。

第二步，确定按照何种关系组织在一起。

第三步，预期达到何种程度的效果。

1. 功能组合

功能组合是把不同物品的不同功能、不同用途组合到一个新的物品上，使之具有多种功能和用途。

例如：带橡皮头的铅笔，是铅笔的书写和橡皮的改写功能的组合；按摩椅就是按摩功能和椅子功能的组合；瑞士军刀是多种工具功能的组合；磁性水杯是保健功能和水杯本身盛水功能的组合。

2. 意义组合

组合功能不变，但组合之后赋予了新的意义。

例如：把奥运会吉祥物印在邮票上生成纪念邮票；一本著作有了作者的亲笔签名，意义会有新的改变。

3. 构造组合

把两种事物组合在一起，它便有了新的结构并产生新的实用功能。

例如：房屋与汽车组合产生房车，不仅可以作为交通工具，还可以作为居住的场所。

4. 成分组合

将两种不同成分的物质组合在一起，构成了一种新的产品。

例如：柠檬和红茶组合在一起变成柠檬茶；调酒师将各种不同成分的酒组合，调制成鸡尾酒。

5. 同类组合

把原理和结构相同的两种物品组合在一起，产生一种新产品。

例如：将两个或多个圆珠笔组合在一起，构成双色或多色圆珠笔；将几个相同的衣服架组合在一起，构成一个多层挂衣架；两只手表组合，成为情侣表。

（三）组合创造法使用技巧与方法

爱因斯坦说，找出已知装备的新组合的人就是发明家。任何一项新技术、新装置的发明，都是在已有的基础上组合而成的；构成每项创新产品的多个组成部分，至少部分零件是前人发明的。因此，可以通过一定的组合方式，创造出全新的系统。在使用组合创造法时需要注意以下问题。

1. 选择组合的构件数量要适量

构件越多，组合的难度就越大，消耗的时间和精力也就越多。

2. 组合产品的功能不宜太多

组合可以使新产品具有多用途、多功能，但不是功能越多越好。过于追求万能，不仅增加成本，制造麻烦，而且会造成功能多余。

3. 组合部件差异性适中

组合部件的功能交集越少，构成新产品的创造性就越强。

二、列举法

（一）列举法概述

列举法是在美国内布拉斯加大学教授克劳福特 1954 年所创造的属性列举法的基础上形成的运用发散性思维来克服思维定式的一种创新方法。列举法运用分解和分析的方法将革新对象的特点，借助对一具体事物的特定对象（如特点、优缺点等）从逻辑上进行分析，并将其本质内容全面地一一地罗列出来，再针对列出的项目进一步提出改进措施而最终形成的独创性设想。

分解是指将研究对象分成若干互不重叠的部分，分解可分为物体分解、程序分解和

目标分解等。

分析是指将革新对象的属性从研究对象中分离出来。分析可分为属性分析、优点分析、缺点分析、希望点分析等。

按照分析对象的不同，列举法可分为属性列举法、希望点列举法、优点列举法、缺点列举法等。

（二）列举法的实施步骤与实践应用

1. 属性列举法

属性列举法是指通过对革新对象进行观察分析，列举出该对象的各种不同的特征或属性，然后确定改进的方向，以及实施措施的创新思维方法。

属性列举法主要强调在创造过程中观察和分析事物的属性并进行联想，然后针对每一项属性提出可能改进的方法，或改变某些特质，如大小、形状、颜色等，使产品产生新的用途。

属性列举法可分为 4 个步骤。

第一，确定目标明确的创意对象。

第二，将创意对象的特征或属性一一列举出来，如物理特性、化学特性、结构特性、功能特性、形态特性等。

第三，从实际需要出发，对所列举的属性进行分析，通过与其他事物进行对比，利用替代方法对原属性进行改造，引出具有独创性的方案。

第四，提出改进方案并对新方案进行评价讨论。

属性列举法是一种创意思维策略。它强调人们在创造的过程中，先观察和分析事物或问题的属性特征，然后再针对每项特性提出相应的改良或改变的构想。

比如：某企业需要改良旗下的一款产品——锅。乍一看锅太普通，没有什么可以改进的。但通过使用属性列举法可把锅的构造和性能按要求列出，再一一检查后进行改良，引出新的构思。如不粘锅、汤锅、煎锅等产品的设计均是将锅的某一个属性放大化而生产出的创新属性产品，而电饭煲又是另一种属性的创新。利用属性列举法进行创新过程如下。

第一种是根据名词特性——整体、部分、材料、制作方法来区分。

第二种是根据形容词特性——锅的颜色、图案、大小等性质来区分。

第三种是根据动词特性——功能来区分。

1）名词特性

整体：锅。

部分：锅身、锅盖、锅把手、锅底。

材料：铁、不锈钢、塑料、玻璃、组合材料。

制作方法：浇铸、硬模等。

2）形容词特性

锅的颜色：各种各样。

图案：各种各样。

锅的大小均可不同。

3）动词特性

功能特性：可煎、炖、煮、炸、烤等。

2. 希望点列举法

希望点列举法是运用想象法列举创新对象所希望达到的预期目标或效果的方法。希望点往往是从事物所存在的缺点转化来的：由于对某事物某些方面不满意，因而产生“希望可以”“怎样才能更好”的理想和愿望，进而形成希望点。希望点列举法的特点是要求运用扩散性想象去发现问题，解决问题。有时非专业人员的参与也可以起到激发新设想的目的。例如，游戏在正式上线前的公测就是一种希望点列举法的应用。

希望点列举法是启发人们产生新设想的有效工具，它能够让人们在较短的时间内通过使用扩散思维、求异思维、横向思维等思维方法去发现问题和提出问题。不断地提出理想和愿望，寻找解决问题的对策以及实现这些理想和愿望的方法。

希望点列举法可分为 3 个步骤：

① 列举研究对象的希望点；

② 对希望点进行分类整理，区分短期希望和长期希望；

③ 对合理的设想进行完善以形成方案，然后实施。

3. 优点列举法

优点列举法是指逐一列出事物的优点，进而探求解决问题的方法和改善的对策。人们通过逐一列出事物的优点，从而寻求解决问题、提出改善对策的方法。

优点列举法可分为 3 个步骤：

① 列举事物的优点；

② 对优点进行分类整理，找出优点存在的原因；

③ 根据原因找到发挥优点更好的方案。

列举的主要途径有：用户意见法、会议列举法、对比分析法。

4. 缺点列举法

与优点列举法相对，缺点列举法是通过对事物缺点的分析，发现、发掘事物的缺陷，

把事物的缺点一一列举出来，针对这些缺点，提出改进方案的创新方法。

缺点列举法可分为 3 个步骤。

① 列举事物的缺点；

② 对缺点进行分类整理，找出缺点存在的原因；

③ 根据原因找到解决的办法。

缺点列举的应用面非常广泛，它不仅有助于革新某些具体产品，解决产品开发的硬技术问题，而且还可以应用于管理中，解决属于“事”一类的软技术问题。

美津浓有限公司原是生产体育用品的一家小厂，为了产品能畅销世界各国，公司开发人员到市场上去调查。在调查中发现，初学网球者在打球时不是打不到球，就是打一个“触框球”。美津浓有限公司就专门做了一些比标准大 30%的初学者球拍。后来公司开发人员又了解到初学者打网球时，手腕容易发生一种皮炎，这种病被人们称之为“网球腕”。他们用发泡聚氨酯为材料，但是经过试验，发现打起球来软塌塌的，很容易疲劳；重新进行了试验，终于制成了名的“减震球拍”。

（三）列举法的使用技巧与方法

无论列举的元素与属性与现实的距离有多远，只要是能对实现目标的想法、装置、产品、系统或问题的重要部分提出可能的改进方案（注意是可能不是可行），都是可以接受的范围。列举要尽可能地穷尽。

列举法的步骤是先决定主题，然后列举主题的“点”，再根据选出的“点”考虑得以实现的方法。

采用列举法时需要注意以下几点。

（1）列举的“点”必须与人们的需求相符合，按照需求创造出来的新事物才能更容易得到认同。

（2）列举时一定要注意打破思维定式。

（3）采用列举法时要用一些“不实际”的意见，然后用科学实用的视界进行评价，不要轻易放弃。

三、和田十二法

（一）和田十二法概述

和田十二法，也称“和田创新法则”，是由中国学者许立言、张福奎在奥斯本稽核问题表的基础上，借用其基本原理，结合实际情况，创造提出的一种思维技法。12 种方法，即加一加、减一减、扩一扩、变一变、改一改、缩一缩、联一联、学一学、代一代、搬一搬、反一反、定一定。这些技法通俗易懂，简单易行，便于推广，尽管有所交叉，但仍各有侧重。多年来的实践证明，和田十二法是相当有效的，具有推广价值的，特别是对于创业初始，尤其适用。

（二）和田十二法的实施步骤与实践应用

1. 加一加

“加一加”是指在原有事物的基础上，对其形态、尺寸等改进，使之加大、加长、加高、加宽等，从而使原有的功能增多，使用效率增强，使用效果更好，某种程度上与组合创造法有异曲同工之妙。

例如：将鞋的后跟加高，创造出高跟鞋；将公共汽车加高、加层，创造出双层巴士。

2. 减一减

和加一加相反，“减一减”就是将原有不必要的部分和功能减掉，使之减小、减短、减低、减窄等，从而增强其主要功能的使用效果或降低成本。

例如：把眼镜镜片减小且减去镜架，创造出贴在眼球上的隐形眼镜；将成人篮球架减低一些，篮筐减小一点，创造出儿童用篮球架。

3. 扩一扩

“扩一扩”是将原有事物的功能、用途、使用领域等进行放大、扩展，使其功能产生明显变化。

例如：将雨伞的伞盖扩大，创造出可以两人用的情侣伞；进一步再扩大，创造出海滨游乐场的晴雨两用伞；把电影的银幕加宽，变成宽银幕。

4. 变一变

“变一变”是指改变原有事物的形状、颜色、时间、顺序、滋味、场合、对象、方式等，使人有一种新感觉。人们观念、工作方法等要不断变化，以适应不同的社会发展。产品的升级就是运用这种方法，推陈出新，不断地满足消费者的需要。

例如：服装的面料、款式、颜色、图案千变万化；把音响设备由普通声改为立体声，提高视听效率；手机产品的每一次产品，都改进原有外观并增加新的功能。

5. 改一改

“改一改”是指对原有的形状、结构、性能进行改进，使之出现新的形态、新的功能；或对现有的做法进行整改，使其变得更好。现代科学技术的发展，使物品向自动化、简单化、轻便化、效率化、实用化、美观化方向改进，不断创造出新的产品。通过这种方法可以实现产品的不断更新换代。

例如：将机械手表改成电子手表；普通手机改成智能手机。

6. 缩一缩

“缩一缩”是指将原有体积缩小一点，长度缩短一点等。

例如：将词典、收音机、洗衣机等的体积分别压缩，变成袖珍词典、袖珍收音机、迷你洗衣机；把伞柄由一节改为两三节，可以收缩，以便于携带；将计算机功能集成于笔记本、手机。

7. 联一联

“联一联”是指观察原因和结果有何联系，这是联想创新思维的应用。

例如：在澳大利亚，有人将一块土地甘蔗产量的提高与甘蔗栽种前一个月洒落的水泥联系起来，发现水泥中的硅酸钙改良了土壤的酸性，从而导致甘蔗的增产，于是研制出了改良酸性土壤的“水泥肥料”；警察破案也经常用到“联一联”思维。

8. 学一学

“学一学”就是通过学习模仿其他事物的形状、结构、规格、方法，色彩、性能、功能、动作等来实现创新。

例如：人们模仿鸟的飞行发明了飞机；鲁班模仿小草叶子边缘的小齿发明了锯子。

9. 代一代

“代一代”是指用别的工具、材料、方法代替现有的、落后的工具、材料、方法，实现新陈代谢，更新换代，创造出越来越多的新材料、新工具、新方法、新商品。

例如：用塑料或玻璃钢代替金属；用电子计算机代替算盘。历史上曹冲称象，用石头的重量代替大象的重量的故事，也是“代一代”的一个生活应用。

10. 搬一搬

“搬一搬”就是把事物的某个部件搬动一下，创造出一种新的物品，或产生新的功能，这种方法在很大程度上蕴含着某一工艺技术的应用。

例如：把电动机搬动到各种各样机械上，可以创造出许多新的电器产品，制成电吹风、电风扇、吸尘器、搅拌机等。

北京是全国的政治、经济、文化中心，建设管理在不断取得成绩的同时，也面临很多令人揪心的问题，主要表现在集聚了过多的人口和功能，经济社会各要素处于“紧平衡状态”。为了坚持和强化北京的首都核心功能，把一些功能搬到河北、天津去，疏解北京非首都功能，降低北京人口密度，促进经济社会发展与人口资源环境相适应；将重污染产业搬出人口密集区。这些措施也都是“搬一搬”的应用。

11. 反一反

“反一反”是一种逆向思考法，就是把某一物品的形状、方向、性质、功能进行颠倒，创造出新的物品。许多情况下，将老产品左右、前后、上下、里外、横竖进行“反一反”，变成新商品。

例如：正反两面可以穿的衣服；衬衫领由大尖领改为小方领，成为新式衬衫；手机使用正反两个摄像头。

12. 定一定

“定一定”是指对新产品或事物定出新的标准、型号、顺序，或者为改进某种事物以及提高工作效率和防止不良后果做出的一些新规定。

例如：现在的行业新标准，虚拟现实标准、人工智能标准、3D 打印标准；交通法则中红灯停、绿灯行、黄灯等待通过的规则。

（三）和田十二法的使用技巧与方法

和田十二法是对奥斯本稽核问题表法的一种继承，又是一种大胆的创新。奥斯本稽核表法是以该技法的发明者奥斯本命名的一种创新技法，它按照事物的 9 个方面依次提出设问，将设计的课题向 9 个方面进行发散，看能否提出创造性构想的方法。奥斯本稽核问题表（见表 7-1）的 9 个方面为：

① 能否他用？
② 能否借用？
③ 能否改变？
④ 能否扩大？
⑤ 能否缩小？
⑥ 能否替代？
⑦ 能否调整？
⑧ 能否颠倒？
⑨ 能否组合？

表 7–1　奥斯本稽核问题表

序号	稽核项目	含　义
1	能否他用	• 现有的发明、材料、方法等有无其他用途 • 稍加改变，有无新的用途
2	能否借用	• 能否从别处得到启发 • 能否借用别处的经验或发明 • 外界有无相似的想法，能否借鉴 • 过去有无类似的产品，是否有元素可供模仿 • 现有的发明能否引入其他的设想之中
3	能否改变	• 现有的事物能否做出某些改变？改变会怎么样 • 能否改变形状、颜色、声音、味道 • 能否改变型号、意义、模具、运动形式 • 改变之后，效果又将如何
4	能否扩大	• 现有的事物能否扩大使用范围 • 能否增加一些项目 • 能否添加部件，增加长度，提高强度与价值

续表

序号	稽核项目	含 义
5	能否缩小	● 缩小一些怎么样 ● 现在的产品能否缩小体积，减轻重量，降低高度 ● 能否省略 ● 能否进一步细分
6	能否替代	● 能否由其他事物或人工代替 ● 能否用别的材料、方法、工艺、能源代替 ● 能否选取其他地点
7	能否调整	● 能否调换元件、部件 ● 能否更换先后顺序 ● 能否用其他型号 ● 能否改成其他安排方式 ● 原因与结果能否对换位置 ● 能否变换日程
8	能否颠倒	● 能否上下颠倒 ● 能否对换位置：左右、前后、里外、正反互换
9	能否组合	● 能否组合 ● 能否综合各种想法 ● 能否组合各种部件

和田十二法的每种方法均可以利用奥斯本稽核问题表法来统计和归纳，形成每个技法的表格。和田十二法的核心是通过变化来改进，其基本做法如下。

第一，选定要改进的产品或方案。

第二，对需要改进的产品或方案或者问题，从某一角度提出一系列的问题，并因此而产生大量的思路。

第三，根据第二步提出的思路，进行筛选和进一步思考、完善。

和田十二法中每种方法的使用侧重于某一个思考的角度，强调某一个方向。但对内涵、界定并非十分严格，"加、减、扩、缩、改、变"等技法通俗易懂，容易理解和接受，但不少创新是对多种技法的综合运用或创新技法的连续使用而产生的，因此在创新的过程中，不必对某一方法过于执着。

四、头脑风暴法

（一）头脑风暴法概述

头脑风暴法是由美国创造学家 A.F. 奥斯本提出的一种激发性的思维方法。头脑风暴最早是精神病理学上的用语，指精神病患者的精神错乱状态而胡言乱语。奥斯本用头脑风暴来形容开会时让与会者敞开思想，无限制地自由思考和讨论，从而产生创新观念或激发创新设想。

头脑风暴法又称智力激励法、BS 法，是一种通过小型会议的组织形式，让所有参加者在自由愉快、畅所欲言的气氛中，自由交换想法或点子，并以此激发与会者创意及灵感，使各种设想在相互碰撞中激起脑海的创造性“风暴”。

头脑风暴法的核心是集智，就是把众人潜在的智慧激发出来，汇聚到一起，唤起更多、更新颖的创造性设想。

头脑风暴法分为直接头脑风暴法和间接头脑风暴法。前者是在专家群体决策时尽可能地激发每个人的创造性，产生尽可能多的设想；后者则是对前者提出的一个一个的设想、方案进行逐一质疑，为决策者分析其设想可行性提供反面例子。

（二）头脑风暴法的实施步骤与实践应用

1. 头脑风暴法实施原理

A.F.奥斯本及其研究者认为，头脑风暴法之所以能激发创新思维，其原因如下。

1）热情感染

集体开会讨论时，如果不受任何限制，就能激发每个人的热情。在会上人人畅所欲言，相互影响、相互感染，能形成讨论热潮，这样能使个人打破传统观念的束缚，最大限度地进行创造性的思维。

2）个人欲望

集体讨论解决问题时，如果不受任何干扰和控制，便能激发个人的欲望，使每个人畅所欲言，提出大量的创新观念。

3）竞争意识

心理学家研究表明，人类有争强好胜的心理，在有竞争意识情况下，人的心理活动效率可增加 50%或更多。头脑风暴时，人人都能争先恐后，竞相发言，不断地开动脑筋，力求得到独到见解和创新观念。

4）联想反应

联想是产生新观念的基本过程。在集体讨论问题的过程中，每提出一个新的观念，都能引发他人的联想。相继产生一连串的新观念，能产生连锁反应，形成新观念堆，为创造性地解决问题提供更多的可能性。

2. 实施步骤

头脑风暴法往往通过召开会议的形式进行，实施步骤包括准备、热身、问题提出、畅谈和整理5个阶段。

1）准备阶段

准备阶段主要是确定主持人，与会者和会议议题。主持人应熟悉头脑风暴法的基本原理、原则、程序和方法，对会议的议题比较熟悉，能灵活处理会议中出现的各种情况，保证会议在愉快的气氛中进行。与会者一般以5～10人为宜，与会者专业结构要合理，应熟悉会议议题，有丰富的专业知识，同时也应选少量的外行参加。确保会议议题单一、明确，可将复杂议题进行分解、分词讨论。

在准备期，要提前将会议的议题通知与会者，便于与会者熟悉议题，提前酝酿解决问题的设想；同时还要安排记录员，记录与会者会上所提的设想。

2）热身阶段

热身阶段的目的是创造一种自由、宽松、祥和的氛围，让大家心情放松，进入一种无拘无束的状态。

主持人宣布开会后，先说明会议的规则，然后随便谈点有趣的话题或问题，使会场尽快形成轻松和活跃的气氛，让与会者尽快进入创新的临战状态。如果主持人所提问题与会议主题有某种联系，人们便会轻松自如地进入会议议题，效果会更好。

3）问题提出阶段

主持人要简明扼要地介绍会议要解决的问题。介绍时要简洁、明确；否则会因过于详细限制与会者的思维，干扰思维创新的想象力。

4）畅谈阶段

畅谈是头脑风暴法的重要环节，是决定头脑风暴法是否成功的关键。

为了使与会者能够突破种种思维障碍和心理束缚，让思维自由驰骋，畅所欲言，需要制定以下规则：

① 不要私下交谈，以免分散注意力；

② 不妨碍、评论他人发言，每人只谈自己的想法；

③ 发表见解时要简明扼要，一次发言只谈一种见解；

④ 与会者不分职务高低，一律平等。

主持人开会前先向大家宣布这些规则，随后导引大家自由发言。自由想象，自由发挥，使彼此相互启发，相互补充，真正做到知无不言，言无不尽。

5）整理阶段

会议结束后，主持人向与会者了解会后的新想法、新思路，以此补充会议记录，将各种想法进行筛选并整理成若干方案。经过反复比较和优中择优，最后确定1～3个最佳方案。这些最佳方案往往是多种创意的优势组合，是大家集体智慧综合作用的结果。

（三）头脑风暴法的遵循原则

头脑风暴法应遵循如下原则。

一次成功的头脑风暴除了程序上的要求之外，更为关键的是在探讨方式、心态上的转变，即充分的、非评价性的、无偏见的交流。

1. 自由畅谈

参加者不应该受任何条条框框的限制，放松思想，展开创新思维。从不同角度、不同层次、不同方位，大胆地展开想象，尽可能地标新立异，与众不同，提出独创性的想法。

2. 延迟评判

头脑风暴必须坚持当场不对任何设想作评价的原则。既不能肯定某个设想，又不能否定某个设想，也不能对某个设想发表评论性的意见。一切评价和判断都要延迟到会议结束以后才能进行：一方面是为了防止评判约束与会者的积极思维；另一方面是为了集中精力先开发设想，避免把后续工作提前进行，影响创造性设想的产生。

3. 禁止批评

禁止批评是头脑风暴法应该遵循的一个重要原则。参加头脑风暴会议的每个人都不得对别人的设想提出批评意见，因为批评对创造性思维无疑会产生抑制作用。带有自我批评性质的意见会破坏会场气氛，影响与会者自由畅想。

4. 追求数量

头脑风暴会议的目标是获得尽可能多的设想，追求数量是其首要任务。参加会议的每个人都要抓紧时间多思考，多提设想。至于设想的质量问题，留到会后的方案处理阶段去解决。在某种意义上，设想的质量和数量密切相关，产生的设想越多，其中的创造性设想、可行性的设想就可能越多。

5. 时间原则

头脑风暴会议时间一般在一小时以内，最好不超过两小时。如与会者多，可按实际情况执行。

课后任务

一、思考问题

1. 创新思维的特征是什么？有哪些常见的创新思维障碍？
2. 列举发散思维的方法。
3. 思考哪些事情可以用头脑风暴法，哪些事情不适合？

二、拓展实践

下面一套题目可以帮助你评估自己的创造个性。

这里有 10 句话，请根据你自己的实际情况和想法，分别在后面注明 A，B 或 C（A 代表同意，B 代表拿不准，C 代表不同意）。

1. 我不做盲目的事情，我总是有的放矢，用正确的步骤解决每一个具体问题。
2. 无论什么问题，要我产生兴趣，总比别人困难。
3. 我不尊重那些经常做没把握事情的人。
4. 在解决问题时，我常常凭直觉来判断正确与错误。
5. 我分析问题较快，而综合所掌握的问题较慢。
6. 我有较好的审美能力。
7. 我的兴趣在于提出新的建议，而不是设法说服别人去接受这些建议。
8. 我喜欢一门心思苦干的人。
9. 我不喜欢提那些显得无知的问题。
10. 那些使用古怪和不常用词语的作家，纯粹是为了炫耀自己。

评分标准：

1. A. 0	B. 0	C. 2
2. A. 0	B. 1	C. 4
3. A. 0	B. 1	C. 2
4. A. 4	B. 0	C. –2
5. A. –1	B. 0	C. 2
6. A. 3	B. 0	C. –1
7. A. 2	B. 1	C. 0
8. A. 0	B. 1	C. 2
9. A. 0	B. 1	C. 3
10. A. –1	B. 0	C. 2

（1）22 分以上：你有较高的创造个性，总是想出一些别出心裁的点子，喜欢与众不同。人们对你的评价也有很大出入：有人认为你不安分，哗众取宠；也有些人欣赏你这

种总是令人出乎意料的风格。世界因为你们的存在才更加多姿多彩，请保持这种个性。

你适合于从事环境较为自由，没有太多约束，对创新性有较高要求的职位，如美编、装潢设计、工程设计、软件编程人员等。

（2）11～21分：你善于在创造性与习惯做法之间找出均衡，你具有一定的创新意识，并不墨守成规，经常会提出一些新颖的想法。但同时你也很注意尊重人们的传统习惯，不会做出过于惊世骇俗的事情。

你这种个性对于管理岗位十分适合，同时也适合从事其他许多与人打交道的工作，如市场人员等，因为人们在与你交往时既觉得有趣，又不会因为过于激进而不能接受。

（3）10分以下：你属于循规蹈矩的人，做人总是有板有眼，一丝不苟。你认为既然规章制定了，必定有它存在的理由，人们最好还是遵守它，这样才能保证社会的正常秩序。

你适合从事对纪律性要求较高的职位，如会计、质量监督员等职位，这些职位都要求严格遵守规章制度，与你的个性十分协调。

第八章

职业礼仪

【知识目标】

1. 了解礼仪与职业礼仪的概念。
2. 掌握职业礼仪的基本特点。
3. 掌握职业礼仪基本要求。

【导入案例】

一口痰的故事

网上有这样一个故事。多年前一位来自美国的企业代表约瑟先生，到中国来跟一位医疗器械制造厂的范厂长谈判生产线引进事务。范厂长不仅业务精湛，而且谈判技巧高超。他对于即将引进的大输液管的生产线行情非常了解，对设备的技术指数要求很高，而且把价格压得很低。约瑟先生觉得遇到了有实力的合作伙伴，认为如果和这位务实的范厂长合作，事业会发展顺利。于是他接受了范厂长的偏低报价，约定第二天签订正式合作协议。

第二天约瑟先生很早到达了工厂。范厂长邀请他到车间看一看：车间里边秩序井然，一切有条不紊，约瑟边看边称赞不已。突然，范厂长觉得嗓子发痒，他忍不住咳了一声，转身飞快奔向车间一角。约瑟诧异地看着范厂长，只见他走到墙角吐了一口痰，然后用鞋底儿蹭了蹭那口痰，干净的地面留下了一片痰渍。

约瑟先生不顾范厂长的挽留，匆匆离开了工厂。范厂长一头雾水，不明白为什么约瑟先生忽然放弃了签约活动。第二天，范厂长收到了一封约瑟的信。约瑟在信中说："尊敬的范先生，我十分钦佩您的才智。但车间里您吐痰的一幕令我无法接受。恕我直言，一个厂长的卫生习惯可以反映一个工厂的管理素质，况且我们今后生产的是用来治病的输液管。贵国有句谚语叫人命关天。请原谅我的不辞而别……"

讨论：你怎样评价范厂长吐痰的这个举动？

第一节　礼仪与职业礼仪

礼仪是一门综合性的行为科学，是人类为维系社会正常生活而要求人们共同遵守的最起码的道德规范。礼仪在人们长期共同生活和相互交往中逐渐形成，并且以风俗、习惯和传统等方式固定下来。

礼仪对规范大学生的社会行为、协调职场人际关系以及促进个人成长都具有重要意义。无论我们在校园、家庭还是社会上，都应该按照一定的礼节以恰当的方式待人接物。

一、礼仪

（一）礼仪的含义

在中国古代，“礼”和“仪”是两个不同的概念。“礼”是制度、规则和一种社会意识观念；“仪”则是“礼”的具体表现形式，是一套完整而系统的程序。现代的礼仪概念已经与古代有很大差别。现在人们对礼仪的理解就是礼节与仪式，指约定俗成，被普遍认同和共同遵守的对个人或集体的尊重方式。它既是一种行为规范和准则，也是一种交往艺术。

礼仪能够反映一个人的思想道德水平、文化修养、交际能力和性格特点。在社会活动中，礼仪不仅代表个人的综合素质，也代表一个企业的文化和形象，有时候甚至能体现一个民族、一个国家的文明程度。

（二）礼仪的由来

对于礼仪的起源，研究者们观点不一。

1. 礼仪起源于古代的祭祀

古代人们对祭祀活动充满敬畏，有许多隆重、严格的仪式程序。所以有些学者，比如郭沫若认为礼仪起于祭祀神灵，而后扩展到人，再到各种制度。

2. 礼仪起源于风俗习惯

持这种观点的人认为，人与人在长期的交往活动中，逐渐产生了各种交际规范，当这些被广泛认可的规范得以记录保存下来并成为人们自觉遵守的参考标准时，就形成了礼仪。1922 年出版的《西方礼仪集萃》就倾向于这种观点。

3. 礼仪是人们表达情感态度的需求

有些研究者认为，礼仪是因为需要才产生的，就如同语言的产生一样。当人们想要表达对神灵的敬畏时，就产生了祭祀礼仪；当人们想要表达对交往对象的尊重时，就产生了社交礼仪。人们借助具体的行为方式表达内心的尊敬、友好或者喜爱，这些形式被广泛认可后就成为礼仪。

从礼仪的起源，我们可以看出，它是在社会活动中为了维护一种稳定的社会秩序，保持一种和谐的交际结果而产生、存在、发展的。从古至今，礼仪始终保持着这样的特点和功用。

二、职业礼仪

（一）职业礼仪的含义

职业礼仪是指从业人员在职场中应当遵循的礼仪规范。职业礼仪对于职场工作和商务活动都有一系列约定俗成的行为准则，包括职业形象礼仪、交往礼仪、办公礼仪、会议礼仪、宴请礼仪、交通礼仪、面试礼仪及涉外礼仪等。

职业礼仪是对职场工作人员的普遍要求，也是一般礼仪在职场中的具体体现。大学生通过了解职业礼仪，不仅可以提升自身的基本素养，也能够为未来的职业生涯成功奠定良好的基础。

（二）职业礼仪的基本原则

在职场中，熟练运用职业礼仪规范，可以彰显个人修养和专业素养，也是专业精神的具体体现。掌握职业礼仪需要遵循下列的基本原则。

1. 诚心敬意原则

“敬人者，人恒敬之”。充满诚意的尊敬之心，是职业礼仪的重要原则。在运用职业礼仪时，如果没有发自内心的对对方的尊重，无论什么样的仪式、什么样的言谈举止都会失去意义，都会成为空洞无力的表面文章，也不会起到职业礼仪应有的作用。

2. 适度原则

职业礼仪作为职场的交往规范，有一定的标准，但在具体实施时要遵循适度原则。这就是说，要掌握约定俗成的普遍做法，既不能不到位，也不能做过头；要把握分寸，做到彬彬有礼，不卑不亢。平等和互相尊重始终是职业礼仪的精髓所在。

3. 自觉原则

职业礼仪不是法律条文，不具备强制执行的约束力；也没有第三方监管，没有明确

的评估标准。职业礼仪的遵守，需要人们自身具备良好的职业修养和职业观念，自觉地遵守，自觉地对自己的行为进行约束和调整，达到知礼、守礼。

第二节 职业形象礼仪

导入案例

松下幸之助是日本著名跨国企业松下电器公司的创始人。他在工作之初，由于工作繁忙，没有时间和精力顾及个人形象。有一次他去理发店时，理发师看着他不修边幅的样子，终于忍不住对他说："你的容貌代表着你公司的形象。你这么随意，会影响客户对公司的印象，会影响他们购买公司产品的意愿。"

松下幸之助听了美发师的这番话后，觉得非常有道理，从此下决心改变个人形象。他不仅自己注重形象，还要求所有员工都要注重自己的仪容仪表。

讨论： 你认为形象管理对个人和企业发展有什么影响？

一、职业形象的定义

职业形象是指从业人员在职场工作或交往过程中通过外貌、气质、语言、举止、服饰、礼仪等表现给人留下的最直观、最鲜明、最深刻的视觉印象。

职业形象的塑造没有统一固定的模式。职业形象的定位要结合具体的职业特点、工作环境、交往对象、工作内容及个人的心理倾向和欣赏品位。职业形象并不是千篇一律的西装革履，它是个人品位与职业需求的协调统一。

职业形象是职业精神内涵的外在体现，以提高工作品质、创造职场价值为导向。良好的职业形象既能体现个人的职业风采，也能提升组织和团队的形象。职业形象不仅重视个人仪表和礼仪技巧，更重要的是其背后蕴含的内在精神。职业形象的力量就是职业化精神的力量。

二、职业形象的礼仪

职业形象的礼仪包含的内容非常宽泛，除了外在形象表现，还包括其他方面的职业素养及特定的组织文化背景等。

（一）仪容仪表礼仪

仪容仪表礼仪的总体要求是整洁大方。端庄整洁的仪容仪表一方面体现了良好的个人修养，另一方面也体现了对他人的尊重和礼貌。

几乎所有的单位面试时都会关注应聘者的仪容仪表礼仪。仪容仪表是职场的一张名片，它在职场中起着不可忽视的重要作用。

心理学上有个专门的术语叫“初头效应”，它指的是初次见面的一瞬间就基本决定了事情的成败。影响“初头效应”关键的因素包括服饰、眼神和表情。因为在瞬间的接触中，一个人无法全面展示自己的才华和能力，仪表仪容就成了对方衡量彼此社会地位、专业水平和性格特点的依据。

研究结果表明，在人际交往过程中，语言的内容只能起到7%的作用，而面部表情、语气、态度、形体动作等表达形式占比达到93%。在讲究快节奏、高效率的信息时代，繁忙的职业活动应接不暇，很多时候大家只有一面之缘的机会，所以良好的仪容仪表带给人的第一印象格外重要。

1. 容貌

脸面要清爽洁净。男士要修整胡须，女士妆容要淡雅。头发保持干净无头屑，头型和头发颜色不能夸张、怪诞。牙齿保持清洁，口气保持清新，在参加职场活动前不要食用味道强烈的食物。指甲长度适宜，保持卫生干净。另外，避免使用带有刺激浓烈味道的香水或其他化妆品，以免给人带来不舒服的感觉。

2. 眼神

面部表情中最重要的就是眼神。在职场中与他人交谈时，眼神要专注、稳定、平静。左顾右盼的眼神会让人感觉轻视别人，或者心不在焉，不重视对方的谈话内容；不与别人交流的眼神会给人不自信、紧张或者冷漠的感觉。如果不敢直视对方，可以尝试看对方的鼻梁或者眼镜。最好的方式是与对方对视交流，两眼交替注视。

3. 微笑

微笑是最有效的沟通表情。微笑表明自己的自信，也显示出对他人的礼貌和尊重。发自内心的微笑具有感染力，会让对方放松，精神愉快。

（二）仪态礼仪

仪态是指人的形体姿态，包括坐、立、行的姿势和手势及交谈时相应的其他姿态。人的外在相貌很难改变，但仪态是可以通过后天努力培养的。职场仪态的基本要求是：自然大方、端庄稳重，声音、表情和动作能够协调一致，让人感觉舒适、自然。

（1）站姿要挺拔舒展，头正，颈直，肩平，要给人精力充沛、积极向上的感受。

（2）坐姿要立腰，挺胸，不能贴靠桌椅。坐姿最大的忌讳就是弓腰曲背，抖腿跷脚。女士讲究温文尔雅，男士讲究稳重沉着。

（3）走姿要从容、平稳，走直线。步态是一种很微妙的身体语言，它可以反映一个人的情绪和精神状态。

古人就讲“站有站相，坐有坐相”。良好的仪态礼仪能让职业人士散发独有的职场魅力，有助于形成令人一见难忘的职业形象。

（三）着装礼仪

美国一位研究职业形象的教授曾经做过这样一个试验：向 300 多家公司发出了一份完全相同的履历表，表上贴的照片都是虚构的求职者，这些求职者的照片分为两种：一种是“打扮后”的样子，另一种是“打扮前”的样子。结果表明，照片形象好的人比形象差的人的起始薪水高 8%～20%。服饰打扮在塑造职业形象方面具有重要作用。

得体的着装是对自我形象的肯定，也是对他人的尊重，同时也体现了敬业、负责、规范的职业精神。在工作场合，着装已经不只是个人行为，它也体现着整个组织或者团队的形象。所以，在众多的服装种类里有一类专门服饰叫职业装，其可变化性比较小，主要特点是规范、简洁、整齐。

1. TPO 原则

职场服饰有一个通用简单的 TPO 原则。TPO 是 time（时间）、place（地点）和 objective（目的）这 3 个英文单词的首字母缩写组合。它指的是职场着装需要考虑具体的时间、地点和活动目的，要根据这些要素选择合适的衣服和饰品。

（1）T：根据时间着装，要考虑一天中的早、午、晚时间段的不同，一年中四季的不同，还有时代的不同，来搭配相应的服饰。

（2）P：根据地点着装，是指所处的环境是公务、社交还是休闲类型，要根据环境不同搭配相应的服饰。

（3）O：根据目的着装，指的是着装除了要符合自己的喜好，还要考虑怎样给他人留下良好的职业印象。每个人都有不同的社会角色和职场角色，需要根据自身特点及工作性质选择恰当的服饰。

2. 男士着装原则

1）三一原则

三一原则指的是在商务场合，男士的裤子、腰带和公文包的颜色保持一致。深色西装要相应地搭配深色腰带，浅色西装要相应地搭配浅色腰带。

2）三色原则

三色原则指的是穿搭服装的时候，身上能看得见的颜色，主要包括西装、裤子、衬衫、鞋子、领带、袜子，不要超过 3 种。特别接近的同色系颜色可以算作一种。

3）配套原则

配套原则指的是所有的服饰要搭配协调，风格一致。例如：西装不能搭配运动鞋穿，西裤不能卷边穿，正装口袋里不要鼓鼓囊囊地装满杂物等。

当然，最基本的着装要求永远是整洁、得体、协调。

3. 女士着装原则

1）色彩协调

三色原则同样也适用于女性着装。职场穿搭不宜过于鲜艳和杂乱。大红大绿或者五颜六色的搭配风格很难把握，要慎重选用。一般来说，黑色、白色、米色、咖啡色和驼色等作为主色调搭配穿着，看起来比较自然，适合体现优雅干练的职场风格。

2）人衣相宜

人衣相宜指的是穿搭服装的时候，不能选择跟自己的外形和气质相悖的风格。如果穿着跟自己性格相差太大的衣服，会令自己局促不安，感到不自在，会因此影响自己的心情和工作状态。衣服最终是为人服务的，不能本末倒置；穿得舒服得体是基本原则。

3）恰到好处

恰到好处指的是女士穿搭的适度原则。职业场合，穿着不要过于暴露，款式不要过于夸张，首饰不要过于复杂。女士的衣服款式比较多，配饰也比较丰富，因此在着装时一定注意适度原则。适度才能得体。得体的衣着能彰显职业女性的职场独特魅力。

除此之外，职场女性还要注意着装的细节。衣物要整洁，不要有多余的商标吊牌、线头；丝袜不要有脱丝；鞋子要跟脚，鞋跟要结实。

（四）交谈礼仪

语言是职业形象的有机组成部分。谈话的方式能体现一个人的个性、素质和职业形象。

1. 把握讲话节奏

说话时断断续续或者过于急促，都会让人觉得你紧张局促，缺乏自信。语调和节奏是语言的重要表现形式。舒缓平静的节奏，加上从容不迫的语调，能够让人听起来舒服放松，容易给人留下好印象。

2. 言简意赅

职场交流注重效果。交谈时尽量使用简短且富有表现力的句子，切记使用冗长的句式结构或者生涩的词汇，否则会令人费解，妨碍沟通效果。

3. 条理清楚

善于表达的职场人士往往思路清晰，话语逻辑性强，有条理；相反，如果主次不清，

啰啰唆唆，对方会觉得你业务不熟练，能力欠缺。在谈话之前可以简单打个草稿，把重要的事情罗列一下要点。

4. 善于倾听

交谈的过程是双方互动的过程。在这个过程中，善于倾听有时候比善于演讲更重要。不要打断别人抢话说，不要急于补充别人的观点。多听少说是交谈的智慧。

5. 谦虚谨慎

无论交谈对象是谁，谈话时都要报以谦虚的态度，谈话内容要谨慎、有度。切记信口开河，虚张声势。对方谈到自己不熟悉的领域时，要诚实相告，虚心请教，不能不懂装懂，胡言乱语。

第三节 办公礼仪

一、办公室礼仪

（1）早晨进办公室时互相问早，下班回家时互相道别。

（2）请求别人帮助时要表达歉意。

（3）需要打扰别人先说对不起。

（4）不议论任何人的隐私，不制造流言蜚语或传播小道消息。

（5）不在办公室里脱鞋或者将脚伸到桌上。

（6）将手机的声音调低或震动状态，以免来电铃声影响他人。

（7）打电话时尽量放低声音，如果是私人电话，尽量减少通话时间。

（8）不翻动其他同事桌上的文件资料，甚至传真机上与自己无关的任何资料。

（9）有任何资料需要移交给他人，一定要贴上小标签，写清时间、内容、签名，并且表示感谢。

（10）将自己的办公桌整理得干干净净，不将废纸乱丢一地。

（11）男士尽量不在办公室抽烟，以免污染环境。

（12）女士尽量不在办公室里化妆涂指甲，也不穿过分性感的衣服。

（13）尽量不在办公室里与同事发生财务纠纷。

（14）在办公室里见到同事或者来访者，要积极热情，面带微笑。

（15）尽量不在办公室吃饭。

（16）有强烈味道的食品，不要带到办公室。

（17）办公期间不要大声谈笑，交流问题应起身走近，声音以不影响其他人员为宜。

（18）当他人输入密码时自觉将视线移开。

（19）在征得许可前不随便使用他人的物品。

（20）同事之间相互尊重，借东西要还，并表示感谢。

二、电话礼仪

电话是当今社会最常用的、最便利的通信工具。通过接打电话就可以看出通话者个人的素质、待人接物的态度以及通话者所在单位的整体水平。因此，职场人士应学会正确接打电话的方式，遵守电话礼仪。

电话礼仪包含接听电话和拨打电话两个方面。

（一）接听电话

1. 及时接听

最好在电话铃响 3 遍后接听，响 6 遍后接起来就应向对方道歉："对不起，让您久等了。"铃响 3 遍后接听电话会给对方留下好的印象，让对方觉得自己被看重。

2. 主动介绍

接到对方打来的电话，拿起听筒应首先自我介绍："您好！我是某某某。"

3. 确认对方

对方打来电话，一般会自己主动介绍。如果没有介绍或者你没有听清楚，就应该主动问："请问您是哪位？""我能为您做什么？""您找哪位？"如果对方找的人在旁边，应说："请稍等。"然后用手掩住话筒，轻声招呼同事接电话；如果对方找的人不在，应告诉对方，并且问："需要留言吗？我一定转告！"

4. 做好记录

电话机旁要随时准备好笔和纸，将电话中的重要内容记下来，如接电话时间，对方姓名、单位，打电话事由等。

5. 接听方式

接听电话时，应注意使嘴和话筒保持 4 cm 左右的距离；要把耳朵贴近话筒，仔细倾听对方的讲话。

在通话时，声音应当清晰而柔和，吐字应当清晰，句子应当简短，语速应当适中，声音不宜过大或过小，语气应当亲切、和谐、自然。应让对方先结束电话，然后轻轻把话筒放好。

6. 代接电话

如果是代接电话，告诉对方所找的人不在的理由。礼貌地询问对方的工作单位、姓名，主动询问对方是否需留言。如留言应详细地记录，并表示会尽快转达。

来电找的人正在接电话时，告诉对方，他所找的人正在接电话，主动询问对方是留言，还是等一会儿。如果留言则认真记录对方的留言；如果等一会儿，则将话筒轻轻放下，通知被找的人接电话。

（二）拨打电话

1. 选好时机

打电话时要选择正确的时间，尽量避开对方休息及用餐时间。如无急事，晚上 8 点之后、第二天早上 8 点之前尽量不要打电话。夏季，中午休息时间也尽量不要打电话。

电话接通后，要礼貌地询问对方谈话是否方便，确认对方方便时再继续谈话。涉及私密问题或机密问题时，这点尤其要注意。

2. 掌握好通话时间

打电话前，最好先想好要讲的内容。重要的事情要在打电话之前事先写在纸上，以便节约通话时间，不要现想现说。通常一次通话不应长于 3 分钟，即所谓的“3 分钟原则”。

3. 确保环境安静

打电话时要确保周围环境安静，如在办公室，要事先通知同事自己要打电话，且声音尽量不要太大。

4. 用语要规范

通话之初，应先做自我介绍，不要让对方“猜一猜”。说话声音应当清晰柔和，吐字应清晰，语速应当适中，语气应当亲切、和谐、自然。请受话人找人或代转时，应表示谢意。

第四节　商务礼仪

一、握手礼仪

（一）握手顺序

（1）长辈与晚辈之间，长辈先伸手，晚辈后伸手。
（2）男士与女士之间，女士先伸手，男士后伸手。
（3）上级与下级之间，上级先伸手，下级后伸手。
（4）老师与学生之间，老师先伸手，学生后伸手。
（5）主人与客人之间，主人先伸手，客人后伸手。
（6）未婚与已婚之间，已婚者先伸手，未婚者后伸手。
（7）平辈、朋友之间，先伸手为敬。

（二）握手禁忌

（1）不要不讲顺序，抢先伸出手。
（2）不要戴着手套握手，女士除外。
（3）不要用左手捂手。
（4）不要掌心向下握手。
（5）握手时间不要太长，切忌把对方拉来推去或摇个没完，以3～5秒为宜。
（6）握手后不要有擦手的动作。
（7）不要一只手放口袋里和人握手。
（8）不要一脚门里一脚门外和人握手。
（9）握手力度不当，握手力度要适中，既不要蜻蜓点水，敷衍了事，也不要用力过大，给人以压迫感。

二、介绍礼仪

（1）先幼后长。要先把年纪轻的一方介绍给年纪长的一方认识。

（2）先男后女。要先把男士介绍给女士认识，以示对女士的尊重；不要将女士介绍给男士，这是不礼貌、不恰当的做法。

（3）先下后上。先把下级介绍给上级，然后再把上级介绍给下级。

（4）先亲后疏。介绍同事、朋友与家人认识时，要先介绍家人，后介绍同事、朋友。

（5）先主后宾。介绍宾客和主人认识时，要先介绍主人，后介绍宾客。

（6）先晚到后早到。要先介绍晚到场的给早到场的，后介绍早到场的。

（7）先未婚后已婚。当双方地位、年龄相当、性别相同时，先介绍未婚者，后介绍已婚者。

三、餐饮礼仪

餐饮礼仪是指人们在赴宴进餐过程中，根据一定的风俗习惯约定俗成的仪式和行为，在仪态、餐具使用、菜品食用等方面表现出的自律和敬人的行为，是餐饮活动中需要遵循的行为规范与准则。

1. 入座

中餐座次是尚左尊东，面朝大门为尊。若是圆桌，则正对大门的为主客、主客左右手边的位置，则以离主客的距离来看：越靠近主客位置越尊；相同距离，则左侧尊于右侧。若为八仙桌，如果有正对大门的座位，则正对大门的一侧的右位为主宾。

2. 点菜

标准的中式大餐，通常首先上冷盘，其次是热炒，再次是主菜，最后是点心和汤，当然，如果感觉吃的有点腻，可以再来一些餐后甜品，最后上水果。在点菜时还应该照顾到客人的口味。

3. 餐巾

将餐巾放在膝盖上，不要用餐巾擦嘴，擦脸。用餐后将餐巾叠好，不要揉成一团。

4. 进餐顺序

进餐时先请客人或长辈动筷吃饭。

5. 禁声

喝汤时要用汤匙，喝汤时声音要小一些；吃饭时不要吧唧嘴或发出很清晰的声音来。进餐时不要打嗝或发出其他不文雅的声音。

6. 用筷

不要把筷子直接插到饭菜中间；不要越过别人的筷子去夹菜；不要因为自己喜欢的菜，就用筷子在碗里扒拉；不要用筷子剔牙；不要用嘴吮吸筷子；不要用筷子指点别人。

7. 夹菜

为客人夹菜，一定要用公筷，既卫生，又有礼貌；夹菜时，记得“鸡不献头，鸭不献掌，鱼不献脊”。

8. 文明

进食有骨头的菜肴时不要直接往桌上吐，也不要往地上吐，最好是用手把骨头放到自己的盘子里；不要在餐桌上剔牙，哪怕用手捂着剔牙也不雅观；嘴里有食物不要说话，说话时不可喷出唾沫；脸上或嘴角不可留有食物残余；咳嗽和打喷嚏要转身、低头，用餐巾或手绢捂着，转回身时要对身边人说表示歉意的话。

9. 倒酒

为别人倒茶、倒酒，要记得“倒茶要浅，倒酒要满”的原则。

10. 敬酒

碰杯时杯子不要高于对方的杯子；双手举杯敬酒，眼睛注视对方，喝完后再举杯表示谢意；尊重对方的饮酒习惯，不要逼迫对方喝酒。

11. 离席

宴席尚未结束，即使你已经用好餐了，也不要随意离席，等主人和主宾离席后再走。如有特殊情况需先离席，要跟主人和在座的客人说明原因，并表示歉意。离席时将自己坐过的椅子往内紧靠着放。

四、约会和拜访礼仪

1. 事先预约

拜访前事先预约是最基本的礼貌准则。不约而至成为打扰对方工作和生活计划的不速之客。拜访前事先有约，既反映了个人的修养，也体现了对主人的尊重。事先预约主要是约定时间和拜访人数。约定时间应以主人方便为前提。事先约定拜访人数，约定了人数后不要随意变动；否则，会打乱主人的安排和计划，影响拜访效果。进行家庭拜访，尽量避开可能的吃饭时间和休息时间。

2. 按时赴约

事先约好就必须按时赴约，因为对方已经为你对这段时间做出了安排。如确因意外情况而不能赴约或需要改期，要事先通知对方，并表示歉意。迟到和失约都是非常不礼貌的行为。

3. 注重礼仪

（1）事先要敲门或按门铃。不管是到对方家里或者是办公室，事先都要敲门或按门铃，等到有人应声允许进入或出来迎接时方可进入。不打招呼就擅自闯入，即使门原来就敞开着，也是非常不礼貌的。

（2）要注意物品的摆放。拜访时如带有礼品和物品，或随身带有外衣或雨伞等，应该放到主人指定的地方，不应当乱扔乱放。

（3）要注意行为礼貌规范，随主人招呼进屋入座后，要注意姿势，不要太随便。即使是要好的朋友，跷二郎腿，双手抱膝，东倒西歪，这都是不礼貌的行为。

4. 及时告辞

要控制好拜访时间。拜访者一般不宜在主人家待的时间太久，要根据情况控制好逗留的时间，掌握好交谈的技巧，适时告辞。这既能表现出对主人的尊重，也能表明自己的工作效率和修养。

五、楼梯、电梯礼仪

（一）使用楼梯礼仪

（1）上楼梯时，应女士在前，男士在后；长者在前，幼者在后，以示尊重。下楼梯时，应男士在前，女士在后；幼者在前，长者在后，以保护后者安全。

（2）上、下楼梯步伐要轻，要注意姿态与速度，不能拥挤奔跑。

（3）如果楼梯较宽，可以并排行走，最好不要超过两人。

（4）携带较多物品上、下楼梯，应等楼梯上人较少时再走，以免相互影响。

（5）上、下楼梯时尽量不要交谈，更不应站在楼梯上或楼梯转角处长谈。

（二）乘坐电梯礼仪

（1）要遵循先出后进的原则，等需要下电梯的人都走出后再进入电梯。

（2）电梯内已经有很多人，最好不要强行挤入，耐心等下一班。

（3）走进电梯后应该给别人让地方，先上的人站在电梯门两侧，后上的人站在中间。

（4）接待人员应先进入电梯，等客人进入后关闭电梯门。到达时按电梯门，让客人先走出电梯。

（5）如果电梯的指示键离你较远，可以请人代按楼层键，并向其致以谢意。

（6）在电梯里要保持安静，切忌高谈阔论，隔空喊话。

（7）在电梯里禁饮、禁食，禁止吸烟。

（8）乘坐自动扶梯要遵循靠右站立的原则，把左侧留给有急事的人。

（9）在自动扶梯上，与前后者均要保持一定的距离，以防碰撞。

六、开关门礼仪

（1）无论是进出办公大楼或办公室的房门，都应用手轻推、轻拉、轻关，态度要谦和，讲究顺序。

（2）接待引领时，运用手势要规范，同时要说“您请”“请走这边”等提示语。

（3）朝里开的门：先敲门，自己推门先进去拉住门把手，侧身，然后请领导或客户进入。

（4）朝外开的门：应该先拉开门，自己站在外面，请领导或客户先进去，自己再进去。

（5）旋转的门：自己先走到旋转门里，站在一侧，然后示意，请领导或客户进入。

（6）走在前边的人应打开门后为后面的人拉着门。

（7）关门时，声音一定要轻。

（8）关门时，应面朝屋里的主人而不应该背对屋里的主人。

（9）如果是多人进入房间，最后进入房间的人应主动关门。

（10）出门应先面向领导站起来，后退三步，再转身开门出去。

七、名片礼仪

（一）名片的作用

名片的使用是社会文明的一种象征，在我国已有上千年的发展历史。在社交场合交换名片，用名片做自我介绍，以结交朋友和保持联系，是结识同行广泛采用的使用方法。

（二）递名片

（1）递名片的次序是下级或访问方先递名片。

（2）如是介绍，应先有被介绍方先递名片。

（3）互换名片时，用右手拿着自己的名片，用左手接对方的名片，接过后用双手托住。

（4）递送名片时应走到对方面前，面带微笑，眼睛友好地目视对方，用双手将名片正面面对对方，恭敬地递送过去，同时配以口头的介绍和问候。

（5）如果同时向多人递送名片，可按尊卑或由近而远的顺序依次递送。

（三）接受名片

（1）接受他人名片时，应起身站立，用双手接住对方名片，并同时表达谢意。

（2）接过名片后，需当着对方的面认真看一遍名片上的名字，并将对方的名字念一遍，遇到生僻字时直接向对方请教。

（3）通读名片后，应郑重其事地将对方的名片放入自己的名片夹里，不要将名片遗忘在座位上。

（四）注意事项

（1）会客前检查和确认名片夹内是否有足够的名片。

（2）保持名片或名片夹的清洁平整。

（3）不要无意识地摆弄对方的名片。

（4）不要当场在对方名片上做标记或写备忘录。

（5）不要先于上司向客人递交名片。

（6）最好应使用名片夹，或名片应放在衬衣左侧口袋或西装的内侧口袋里，不要把对方名片放到裤兜里。

（7）不要把别人的名片错递出去，这是严重失礼的行为。

八、礼品馈赠礼仪

礼尚往来在人际交往和拓展业务工作中起着非常重要的作用。赠送礼品时，需要关注 5 个方面的内容。这 5 个方面的英语单词第一个字母都是 W，所以把它简称为“5W 规则”。

（1）who，送给谁。即考虑赠送对象。注意受赠者的习惯、喜好和禁忌，尊重受赠者。

（2）what，送什么。赠送礼品时既要考虑礼品的时效性，又要注意独特性。同时，还要考虑礼品的便携性，要容易携带。前后送给同一个人的礼品要尽可能不同，否则说明欠缺诚意。不同身份的人，要送不同的礼品。

（3）where，在什么地方送。赠送礼品有的时候要考虑场合，如公务交往的礼品一般应该在办公地点赠送，以示郑重其事，公事公办。

（4）when，什么时间送。拜访别人时，礼品应该在见面之初拿出来；送花应该在迎送时送；若有签字仪式，则一般在仪式结束时赠送礼品；会谈会见，一般在起身告辞时送；祝贺欢庆，一般在开始或提前赠送。

（5）what kind of，如何送。也就是赠送的方式。礼品可以自己送，托人送，也可以寄送。如果有可能，最好自己亲自送；如果是会谈会见，一般由职务最高的人代表本方向对方赠送礼品，以示尊重对方。赠送多份礼品时，应先从地位最尊的人开始；级别相同时，应先从女士开始。赠送礼品时，应该用双手奉送或用右手递送，避免用左手送；送给外国客人的礼品一般需要包装。

九、社交距离礼仪

心理学家发现，任何一个人需要在自己的周围有一个能够把握的自我空间，这个空间的大小会因不同的文化背景、环境、行业、个性等而不同。例如，多数讲英语的人交谈时不喜欢靠得太近，总要保持一定的距离。每个人都有一个属于自己的空间，人际交往只有在这个允许的空间范围内才会显得自然与安全。在社会交往过程中，了解和保持社交距离对于人与人之间正常交往具有重要意义，它不仅反映出交谈双方之间的关系和心理状态；同时，也反映出民族和文化的不同特点。

根据美国人类学家霍尔博士的研究，人的社交距离有 4 种距离。

1. 亲密距离

这种距离是人际交往中最小的间距。

（1）处于 0～15 cm 之间，彼此可以肌肤相触，耳鬓厮磨，属于亲密接触的关系。常发生在爱情、亲友关系之间。

（2）处于 15～45 cm 之间，这是身体不相接触，但可以用手相互摸触到的距离，如挽臂执手，促膝倾谈等，多半用于兄弟姐妹、亲密朋友之间，是个人身体可以支配的势力圈。

2. 个人距离

这种距离较少直接身体接触。

（1）处于 45～75 cm 之间，适合在较为熟悉的人们之间，可以亲切地握手、交谈；或者向他人挑衅也在这个距离中进行。

（2）处于 75～120 cm 之间，这是双方手腕伸直，可以互触手指的距离，也是个人身体可以支配的势力圈。

3. 社交距离

这种距离已经超出亲密或熟悉的人际关系

（1）处于 120～210 cm 之间，一般是工作场合和公共场所。在现代文明社会，一切复杂的事物几乎都在这个距离里进行。例如：一般单位里领导对下属布置任务，接待因公来访的客人，都采用这个距离。

（2）处于 210～360 cm 之间，表现为更加正式的交往关系，是会晤、谈判或公事上所采用的距离。例如：大公司的总经理与下属谈话等，由于身份的关系需要与部下之间保持一定的距离。

4. 公众距离

这种距离很难进行直接交谈。

（1）360～750 cm 之间，这是产生势力圈意识的最大距离。如教室中的教师与学生、小型演讲会的演讲人与听众的距离。

（2）处于 750 cm 以上距离位置，在现代社会中，则是在大会堂发言、演讲、戏剧表演、电影放映时与观众保持的距离。

作为职业人士，在职业交往过程中，应根据不同情况把自己的社交距离控制在合理距离范围内，即 45～360 cm 范围内。“亲密距离”是禁忌距离，无特殊理由，万万不可进入这个距离。职业人士在社交中一般也不采用“公众距离”，显得过于疏远。

职业人士，尤其是服务型职员，根据交往的目的不同，社交距离还可以细分为以下 4 种。

（1）服务距离。为服务对象直接提供服务时，服务距离 0.5～1.5 m 为宜。

（2）展示距离。工作人员需要在服务对象面前操作示范展示，距离应在 1～3 m 为宜。

（3）引导距离。一般指的是工作人员在为服务对象带路时，彼此双方之间的距离，工作人员应行进在服务对象左前方 1.5 m 左右为宜。

（4）待命距离。特指工作人员在服务对象尚未召唤自己为之提供服务时与对方保持的距离，在正常情况下，应当是在 3 m 之外，只要服务对象视线所及即可。

一、思考问题

1. 职业形象礼仪的内容包括哪些？
2. 职场着装礼仪的原则有哪些？
3. 办公礼仪的主要内容有哪些？
4. 商务礼仪的主要内容有哪些？

二、拓展实践

微信礼仪

微信已经成为我们日常生活中常用的交流工具之一。利用微信和微信群交流信息，也成为一种工作方式。但是，很多人却不注意微信礼仪。在使用微信工作时，应该注意以下几点。

1. 不要写错别字

错别字不仅影响别人对内容的理解，也会让人感觉发送者工作态度不认真，对发送的内容不在意。

2. 尽量使用文字代替语音发送

无论用哪种沟通方式，都要抱着“利他”的心态。使用语音，发送者比较方便，但接收者可能不方便直接听语音。选择文字输入是更加礼貌的做法。

3. 及时反馈收到的信息

不管是个人之间，还是工作群里的信息，在收到别人发送的消息后要及时回复，以免发送者惦记，因为所有发出消息的人是想得到反馈的。

4. 避免在工作群里聊私事

工作群作为公共平台，属于公共场所，一般用来发布针对全体成员的消息。个人不要在群里询问或者闲聊私人的事情，以免干扰他人。

5. 沟通时要直截了当

发起谈话时，发送者尽量不要只发送“在吗？”这样的句子。简单寒暄后，要直截了当地有事说事，进行有效沟通。

6. 不要频繁让别人参与你的个人活动

不管是个人之间还是在公共群里，都要避免频繁劝说别人参与自己的私人活动，如参与产品宣传、商品打折等。

7. 谨慎转发链接资源

有些链接包含虚假信息，有些链接包含不健康广告，盲目转发会给他人带来不必要的麻烦，甚至经济损失。

8. 重要文件要再通过邮件发送一遍

手机发送文件不受时间和地点限制，有时候比较方便、快捷。但是，对接收者来说，有些内容较多的文件，在计算机上查看和保存更为方便。所以，发送者要通过邮件再发送一遍。

9. 不要随意发布聊天记录

不要不经过他人同意，随意把双方的聊天记录发布出去。要尊重别人的感受。

10. 其他说明

给不够熟悉的人发送消息时要备注好名字，免得别人不知道或忘记你是谁，以免引起尴尬或耽误信息。

第九章

职业化素养提升

【知识目标】

1. 了解职业化和职业化素养的基本概念。
2. 掌握培养职业责任意识的重要途径。
3. 了解并掌握大学生的职业化核心素质。
4. 掌握敬业的职业信条。

【导入案例】

小杨是一家饮水机销售公司的部门经理。有一次，他得到一个消息，听说公司高层领导选择他部门的人员到外地去处理一项非常棘手的问题。为了逃避这项工作，小杨找借口，提前一天请假离开了公司。第二天，上级领导安排任务时，由于小杨不在，就直接把任务交给了小杨的助手，让助手向他转达。当助手通过手机向小杨汇报这件事时，小杨却以自己身体不适为借口，让助手顶替自己前去处理这项工作；同时把处理的办法告诉了助手。半个月以后，事情处理结果出来了，很糟糕。小杨怕公司领导追究自己的责任，便以已经请假为借口，谎称自己不清楚这件事情的具体情况，把所有责任推卸给了其助手。但是，事实胜于雄辩，领导知道了事情的真相后，毫不犹豫地辞退了小杨。

讨论： 你认为小杨被公司辞退的原因是什么？

第一节 职业化和职业化素养

职业化是企业发展的核心竞争力。所谓职业化，是指一种工作状态的标准化、规范化和制度化，即要求人们把社会或组织交代下来的岗位职责，专业地完成到最佳，准确扮演好自己的工作角色。

以国际通行的概念分析，职业化的内涵至少包括以下 4 个方面：

① 以“人事相宜”为追求，优化人们的职业资质；

② 以“胜任愉快”为目标，保持人们的职业体能；

③ 以“创造绩效”为主导，开发人们的职业意识；

④ 以“适应市场”为基点，修养人们的职业道德。

一、职业化和职业化素养的内容

职业道德、职业意识、职业心态是职业化素养的重要内容，也是职业化的最根本的内容。如果我们把整个职业化比喻为一棵树，那么职业化素养则是这棵树的树根。美国著名的《哈佛商业评论》评出了 9 条职业人应该遵循的职业道德：诚实、正直、守信、忠诚、公平、关心他人、尊重他人、追求卓越、承担责任。这些都是最基本的职业化素质。企业无法对员工的职业化素养进行强制性的约束，职业化素养更多地体现在员工的自律上，企业只能对其所有员工的职业化素养进行培养和引导，帮助员工在良好的氛围下逐渐形成良好的职业化素养。作为大学生群体，了解职业化及培养自身的职业化素养，不但有助于自己的职业生涯发展，也有利于未来企业的发展。

职业化的行为规范体现在遵守行业和公司的行为规范，包含职业化思想、职业化语言、职业化动作这 3 个方面的内容。各个行业有各个行业的行为规范，每个企业有每个企业的行为规范，一个职业化程度高的员工，他能在进入某个行业的某个企业较短时间内，严格按照行为规范来要求自己，使自己的思想、语言、动作符合自己的职业身份。

职业化行为规范也体现在做事情的章法上。这些章法的来源是：

① 通过长期工作经验的积累形成的；

② 在企业规章制度要求下形成的；

③ 通过培训、学习形成的。

当我们进入一家公司成为一名员工时，拥有职业化技能可以被看作对工作的一种胜任能力，通俗地讲，就是你有没有这个能力来担当这个工作任务。

职业化技能大致可以包括两个方面的内容。

（一）职业资质

1. 学历认证

学历认证是最基础的职业资质，专科、本科、硕士、博士等，通常就是进入某个行业某个级别的通行证。

2. 资格认证

资格认证是对某项专业化技能的一种专业认证。例如：从事会计工作的，就必须拥有会计上岗证，再高一级就是注册会计师资格认证；从事精算工作的，就要拥有精算师资格证书。

学历认证和资格认证都是有证书的认证，但是在现实中，还有一种没有证书的认证，这就是社会认证。

3. 社会认证

社会认证，通常就是一个人被社会认可的专业水平或社会地位。比如你是某个行业著名的专家、学者，即便你没有证书认证，但是社会承认你，这就代表着你在这个行业或这个领域具有一定的权威性。

（二）职业通用管理能力

每一个人，在企业中都不是一个独立的个体，而必须与上司、下属、同事等交往，形成一系列的关系链。在这些关系链中，必然就产生了向上级的工作汇报、向下级的任务分配，以及同事之间的沟通、协作与配合；同时，一个员工还必须对自己进行有效管理，包括时间的管理、心态的管理、突发事件的处理等。这些通用管理能力，是个人在生活和工作中间都必须具备的能力。通用管理能力的高低，在某种程度上也决定着个人的实际工作能力高低，它与职业资质互为补充，形成员工的实际工作能力。可以这样说，一个职业资质和通用管理能力都比较高的员工，其整体工作能力一定是比较高的。

一个职业化程度高的员工，必将成为一个优秀的员工；一个团体职业化程度高的企业，必将成为一个令社会尊敬的企业。

二、职业化的作用

职业化的作用体现在：工作价值等于个人能力和职业化程度的乘积，职业化程度与工作价值成正比，即：

工作价值=个人能力×职业化程度

如果一个人有 100 分的能力，而职业化的程度只有 50%，那么其工作价值显然只发挥了一半。如果一个人的职业化程度很高，那么能力、价值就能够得到充分、稳定的发

挥，而且会呈逐步上升趋势；如果一个人的能力比较强，却自己感觉在现实中发挥得很不理想，总有“怀才不遇”的感慨，那就很可能是自身的职业化程度不够高造成的，这就使得个人的工作价值大幅度降低。

三、职业化的观点

职业化的基本观点可以概括为：一个中心，三个基本点。

（一）一个中心

职业人的核心目标是客户满意，即职业化的一个中心就是提供客户满意的服务。职业人总是准备提供超过客户期望值的服务。这里的客户指广义上的概念，包括上司、同事、家人、下属和生意场上打交道的客户。

以客户为中心的第一个含义是个体能够对客户产生影响。你能够使客户满意，意味着你必须具有一定的能力，使客户接受你为他提供的服务，也就是你有能力产生影响。

以客户为中心的第二个含义是互赖，如大洋集团公司的总经理用人的一个标准是“敬人”，敬上司，敬客户，敬同事，也就是在你的职业圈子里创造互赖的关系，这样才能协调好各个环节，使团队功能的发挥达到最佳状态。

职业化以提供客户满意的服务为中心，从另一种意义来说，就是提升客户的竞争力，使客户的价值得到提升。以客户为中心还意味着你必须关注对整体的把握，而关注整体，意味着你要关注那些限制整体发展的因素。木桶理论说明，限制最大产出的是数量最少的资源。职业人的要务之一就是帮助客户以尽量小的投入获得尽量大的产出。

简单地说，为客户提供满意服务的含义包括：

① 有能力产生影响；

② 互赖（互相信赖）；

③ 不断提升客户的竞争力；

④ 关注对整体的把握。

（二）三个基本点

1. 职业人要为高标准的产出负责

职业人要为高标准的产出负责，最主要的是做到以下两点：

① 行为思考的出发点是客户最感兴趣的；

② 有义务保守与客户合作之间的所有秘密。

职业人要为高标准的产出负责，也意味着对企业的用人标准负责。一般而言，职业人能够帮雇主做其做不了的事情，雇主雇佣职业人的原因有以下 3 个方面。

（1）职业人是有竞争力的，具有其专业优势和特殊才能。

（2）雇主认为职业人的判断是客观的。职业人很重要的一点是用数据说话。

① 职业人的所有建议都是有数据支持的；

② 职业人的所有行动方案是可以实现的，有量化指标；

③ 结果是可以考量的。

（3）职业人是正直的。职业道德是企业用人的重要考核点，商业道德问题对于公司的发展更是致命的。

2. 团队协作

作为职业人，必须记住一点，只有团队协作，才能够提供高标准的服务。这里讲述的不是专业人士，而是职业人士：专业人士是学有专精的人，而职业人士则是注重团队合作的专业人士。尤其是在分工越来越细化的现代社会，团队协作尤其重要。

3. 职业人必须为自己的职业生涯负责

要提升客户的竞争力，首先要提升自己的竞争力。处在经济急剧发展的时代，职业人必须不断地学习，否则只能被社会淘汰。应变的唯一之道就是不断学习进步。

第二节　职业化的灵魂——责任意识

责任意识，就是清楚地知道什么是责任，并自觉、认真地履行社会职责和参加社会活动，把责任转化到行动中去的心理特征。有责任意识，再危险的工作也能减少风险；没有责任意识，再安全的岗位也会出现险情。责任意识强，再大的困难也可以克服；责任意识差，很小的问题也可能酿成大祸。责任就是承担应当承担的义务，完成应当完成的使命，做好应当做好的工作。

一、责任意识概述

（一）责任

根据《辞源》和《辞海》的解释，“责”的语义非常丰富，包括责任、职责、负责、责问、谴责、诘问、责备、处罚、责罚、索取、责求、要求、督促等。在现代汉语中，“责任”一词有 3 个互相联系的基本词义：

① 根据不同社会角色的权利和义务，一个人分内应做的事，如岗位责任、尽职尽责等；

② 特定人对待特定事项的发生、发展、变化及其成果负有责任义务，如“担保”责任、“举证”责任等；

③ 由于没有做好分内的事情（没有履行角色义务）或没有履行助手义务而承担的不

利后果或强制性义务，如“违约”责任、“侵权”责任、“赔付”责任等。

责任是一种义务、一种使命，也是推动事业发展的原动力。

“责任”一词在不同语境中具有不同的含义。一般来说，任何人在人生的不同时期都肩负特定的责任。责任是随着人的社会角色不同而不同的。例如：父母对子女的责任是监护和教养，医生的责任是治病救人，教师的责任是教书育人，法官的责任是秉公执法等。

（二）责任意识

责任意识，或者说责任感，是道德品质的一种体现。

责任意识是指不同社会角色的权利、责任、义务在人脑中的主观映像。它是指一个人的行为在生活或工作中对他人、家庭、组织和社会是否负责，以及负责的程度。

责任意识是一种自我约束的价值取向。这种约束限定了自己应该怎么做，不应该怎么做，确定了个人生活、工作、处世的原则，确定了个人劳动付出、创造绩效、奉献社会的途径。它是一个人立足社会、获得事业成功和家庭幸福的至关重要的人格品质。对于个体来说，责任意识就是要认清本身的社会角色和社会对其的需求，尽心履行责任和义务。例如：大学生要有努力学好职业本领的意识；医生要有医术精深、救死扶伤的意识；公务员要时刻牢记履行公务员的权利和义务；企业员工要积极承担岗位职责，完成任务，做出贡献等。

不同身份的人，都必须具有合理的责任意识并认真履行，才能保证个人的健康成长和发展，保证社会的和谐与稳定。

对于一般从业者来说，责任意识是指个体对所承担的职业角色的自我意识及自觉程度。它包含两方面的内容：一个人既要对自己的职场行为后果承担相应的责任，又要为他人和社会负责。

（三）责任意识的作用

一个人有无责任意识及责任意识的强弱，不仅影响到其在群体中的信誉，而且直接影响到在校期间的学习成绩，或就业过程中的工作绩效，或所在单位目标任务完成情况。良好的责任意识是个人进步的动力，它能提醒和督促自己主动地付出和贡献，不断创造出业绩。如果一个人缺乏责任意识，在学习、生活或工作中就会消极被动，得过且过，毫无建树；面对各种诱惑而不能自持；一旦身处逆境，便消沉绝望，难以自拔。

1. 责任意识能够激发出个人潜能

每个人都蕴藏着巨大的潜能，但并非都能够发挥出来。这固然有多方面的原因，然而其中不可忽视的因素就是人的责任意识。

一个有强烈责任感的人，对待工作必然尽心尽力、一丝不苟，不把它做好决不罢休；遇到困难，决不轻易放弃。责任心能激发出他的巨大潜能，驱使他想方设法、竭尽全力地做好本职工作。

据说，法国有个名叫桑尼尔的飞行员，他在清洗战斗机时，突然感到肩膀被拍了一下，回头看，竟是一只大狗熊。他在惊恐之中急忙把水枪对准狗熊，但由于用力过猛，水枪脱手落地。他施展全身力气纵身猛跳，跃上了两米多高的机翼。在他的呼救声中，哨兵端着冲锋枪跑过来击毙了狗熊。一个人在没有助跑的条件下能跳两米多高，这的确令人难以置信。况且，他后来做过多次实验都没有再跳上过。但在生死关头，确实是由于自救的责任感激发了他的生理潜能，使他有了超常的发挥，竟然跳上了机翼而脱险。

相反，一个责任意识淡薄的人，由于不愿意也不可能全身心地投入工作，他的潜能就不可能被激发出来。因而，即使他工作经历再久，也只能是碌碌无为。

历代无数名人和先烈英模对于国家和事业无不具有强烈的责任心和使命感。正是这种责任心和使命感充分激发出了他们的潜能，使他们做出了常人难以达到的贡献。例如：诸葛亮“鞠躬尽瘁”，岳飞“精忠报国”，这是为国尽责的楷模。许多辛苦耕耘、舍己救人、抗灾捐献、以身殉职的人，许多不达目的决不罢休而终于获得成功的人，都是在履行自己的责任，完成某种历史使命。

2. 责任意识能够促进个人成功

一个人有了责任意识，就会对自己负责，做自我的主宰，愿意主动承担责任。这样他不仅全身心地投入自己的岗位工作，精益求精地完成本职任务，他还会乐意承担额外的事务，多担一份责任，多做一份贡献。多担一份责任，就多经受一番历练，这就增长了个人担负更多、更重要职务的能力。显然，这将会提高工作绩效，有利于职位升迁，促进个人职业的发展。

德国大众汽车公司有句格言：“没有人能够想当然地保有一份好工作，而要靠自己的责任感去争取一份好工作。”任何工作都意味着某种责任。职位越高，权力越大，其所担负的工作责任就越重。任何人只要应聘就职，就必须对工作担负责任，正如比尔·盖茨曾经对他的员工所说的：“人可以不伟大，但不可以没有责任心。”

责任感是简单而无价的，它使一名员工在组织中得到信任和尊重，得到重用和升迁，既展现出个人价值，又做出社会贡献。主动承担更多的责任，这是许多成功者的必备素质。

3. 责任意识关系能减少事故的发生

我国一向高度重视安全工作，制定了有关的法律和举措，力求把安全事故降到最低。在减少安全事故的过程中，有关工作人员的责任心起着关键作用。它往往关系到事故是否发生。在现实社会中，有些在职人员对工作认真负责，一丝不苟，一旦发现安全隐患或突发险情，立即采取有效措施，避免了许多重大、特大安全事故。

2010 年 5 月 6 日，济南某航空兵师飞行员冯思广在同中队长张德山驾机进行夜间飞行训练时，遭遇发动机空中停火。这时，飞机前方是灯火通明、人群熙攘的夜市。他们以对人民高度负责的精神，不顾个人安危，立即改变飞行轨迹，避免了一起飞机坠落在济南繁华市区的特大灾难，冯思广却因推迟跳伞而壮烈牺牲。

由于某些职工和领导干部缺乏责任心，玩忽职守，曾造成过难以弥补的经济损失，或酿成许多惨重灾难（如火灾、煤矿事故等）。例如：一张设计图纸上标注数据的一个小数点错位，会造成大批零件的报废；一批广告产品把厂家电话号码的一位数字印错，曾引发了该广告公司的巨额赔款，甚至导致公司倒闭。

二、责任意识的培养

（一）责任意识的培养目标

每个人都负担着多种社会角色，每种社会角色各有特定的社会责任。我们的责任意识应当围绕不同的社会角色来培养，可以从下列 5 个方面做起。

1. 对自己负责

培养自尊、自信、自主、自强、自律的意识，充分发挥个人的聪明才智，使自己成为一个对社会有用的人。

2. 对他人负责

尊重他人，接纳他人，以诚待人，与他人和谐相处，富有爱心和合作精神，真诚关心他人的安全和利益，乐于助人，力求使自己成为他人的良师益友。

根据《深圳青年》报道，大连市公交司机黄志全在行车途中突发心脏病。在生命的最后一分钟里，他做了 3 件事：把车缓缓停在路边，打开车门让乘客安全下车，将发动机熄火。之后，他趴在方向盘上停止了呼吸。他的行为充分表现出了对工作、对他人高度负责的精神。

3. 对集体负责

树立集体观念，珍视集体荣誉，主动关心集体，坚持把个人利益放在集体利益之下，决不做有损集体声誉的事；积极参加集体活动，主动为集体事业的发展尽心尽力，与集体共荣辱，维护集体的荣誉和利益。

4. 对家庭负责

作为一名家庭成员，应当尊老爱幼，在努力追求事业成功的同时，妥善处理家庭的事务，夫妻恩爱，对其他家庭成员负责，营造温馨和谐的家庭。家庭幸福是多重成功标志的一个重要方面。

5. 对国家负责

树立热爱祖国、报效祖国的伟大理想，爱护国家财产和公共设施，爱护环境，积极参加公益活动，努力学习和工作，将自己毕生的经历贡献给建设祖国的伟大事业。

（二）在工作中增强责任意识

现实中，我们不难听到这样的抱怨：“我们辛辛苦苦地工作，每个月才赚那么点钱，干吗要为老板卖命？”“市场经济讲究等价交换，拿多少钱，干多少活，我光加班不拿钱，那不是给老板白干活了？”这便是有些打工者的“哲学”。他们的人生信条是：老板给多少钱，我就干多少活，这样才不吃亏；至于对企业负责，那是老板考虑的问题。其实，对工作负责就是对自己负责，工作兢兢业业，一方面是在为自己的前途打拼，为自己的能力添砖加瓦，另一方面也是借着企业这个平台逐渐实现自己的职业理想。

1. 对个人行为负责

一个人走向成熟的第一步是勇于承担责任。如果不能以同样的精神担起我们本应担负的责任，我们就永远不能说自己已经成熟。

我们经常遇到这种情况，当孩子在椅子上摔倒后，为哄孩子会踢一下椅子：“破椅子，都怪你！”其实，摔倒是小孩子站不稳的缘故，无关椅子的事。长此以往，孩子会忘记自己的责任而乐于将责任推给别人。我们都已经脱离跌倒了便迁怒于椅子的孩童阶段，应当直面人生，为自己负责。把责任推卸给我们的家长、老师、环境甚至制度要容易得多，或者我们还可以有一个最好的借口，责怪幸运之神的不公。不成熟的人总能为他们的缺点和不幸找到理由，而且是令自己置身事外的理由：他们的童年很悲惨，他们的父母太贫穷，他们缺少教育，他们体质虚弱，他们埋怨家人不了解自己……认为命运之神跟他们过不去，仿佛整个世界都在与自己为敌。其实，他们是在为自己找替罪羊，而不是去设法克服困难，去寻找解决问题的方法。

能为自己的思想、工作习惯、目标和生活负责，你会发现你在开创自己的命运，走在通往成功的路上。

1968 年，在墨西哥城奥运会男子马拉松赛场上，来自坦桑尼亚的选手阿赫瓦里在比赛过程中受伤，他拖着被踩穿孔的膝盖和脱臼的肩膀坚持跑完了全程。但比赛已经结束了一个小时，在偌大的体育场里，只剩下场地工作人员和最后一批即将散去的观众。短暂的沉默后，在场所有的观众和工作人员面向阿赫瓦里举起了双手，雷鸣般的掌声经久不息。一个记者过来采访阿赫瓦里：“你怎么没中途退出比赛呢？”阿赫瓦里说出了奥运会史上最朴实也最震撼人心的名言：“我的祖国把我从 7 000 英里外送到这里，不是让我开始比赛，而是要我完成比赛。”

2. 干好第一份工作

想要有所作为，首要的是干好本职工作。对于刚毕业的大学生来说，则要干好自己的第一份工作。处境的改变、理想的实现、事业的成功，很多时候不在于你做的是什么工作，而在于你的工作做得怎么样。

当年因海湾战争而扬名全球后来又被美国前总统小布什重用的鲍威尔，他的第一份工作是在一家汽水场抹地板。当时他就打定主意要做个最好的抹地工人，结果第二年就

被提升为副工头，最终成为声名显赫的军事家和政治家。他的成功史告诫人们：凡是能成大业者，不会嫌弃平凡的工作，都是在实干的基石上建立起自己的金字塔的。

迈阿密《先驱报》荣誉总裁罗伯托·苏亚雷斯，刚到美国时在《先驱报》做临时工，专门站在广告插入机器前，将一份份广告加入报纸内，每天工作15个小时。他认为这是一生中最严峻的时期，但也是报偿最大的时期，因为他明白没有什么收获是理所当然而不需要付出努力的。

选择第一份工作可能不由自己的意志所决定，但怎么看待第一份工作，走好人生奋斗的第一步，确实是靠个人努力的。以什么样的态度去工作，这将影响你的一生。成功人士对待人生第一份工作的态度告诫人们：以尽职尽责的态度去工作，走好人生奋斗的第一步，将会影响你的一生。

麦当劳公司原董事会主席和首席执行官吉姆·坎塔卢波2004年4月19日突然辞世后，董事会随后推选时年43岁的查理·贝尔为麦当劳公司新任总裁兼首席执行官，他因此成为第一位非美国人的麦当劳公司掌门人，而且也是麦当劳有史以来最年轻的首席执行官。

查理·贝尔和麦当劳的渊源可以追溯到28年前。当时，年仅15岁的查理·贝尔由于家境不富裕，在澳大利亚的一家麦当劳打工，他在麦当劳的第一份工作是打扫厕所。虽说打扫厕所的活儿又脏又累，他却干得踏踏实实。他常常是扫完厕所，接着就擦地板；地板擦干净了，又去帮着翻翻烘烤中的汉堡。这一切被这家麦当劳的老板——麦当劳在澳大利亚的奠基人彼得·里奇看在眼里。没多久，彼得·里奇就说服查理·贝尔签署了员工培训协议，把他引向正规职业培训。培训结束后，彼得·里奇又把查理·贝尔放在店内各个岗位进行锻炼。悟性出众的查理·贝尔不负彼得·里奇的一片苦心，经过几年锻炼，全面掌握了麦当劳的生产、服务、管理等一系列工作。19岁那年，查理·贝尔被提升为澳大利亚最年轻的麦当劳店面经理。

这番经历使查理·贝尔成为麦当劳公司所崇尚的从底层一步步晋升至公司高层的典范。2008年2月，查理·贝尔在北京参加麦当劳续约奥运会全球合作伙伴的新闻发布会时说："我从15岁起就在澳大利亚的餐厅兼职打工，19岁就成为澳大利亚最年轻的餐厅经理。我能做到，你们也能做到，明天的总裁就在今天的这些明星员工中间。"

3. 遇到问题不推脱

杜鲁门上任美国总统后，在自己的办公桌上摆了一个牌子，上面写着"the buck stops here"，汉语大意为"问题到此为止"，意思是"责无旁贷（我负责）"，以此让自己负起责任来，不把问题丢给别人。杜鲁门认为，负责任是一个人不可缺少的职业精神。

很多情况下，人们会倾向于首先解决那些容易解决的事情，而把那些有难度的事情尽可能推给别人。其实，工作中遇到问题时，应该勇于面对，让问题在自己这里得到解决。在老板眼里，没有任何事情能够比一个员工处理和解决问题更能表现出其责任感、主动性和独当一面的能力。一个经常为老板解决问题的人，当然能够得到老板的青睐。

约翰和戴维是新到速递公司的两名职员。他俩是工作搭档，工作一直都很认真，也很卖力。上司对这两名新员工很满意，然而，一件事却改变了两个人的命运。一次，约翰和戴维负责把一件大宗邮件送到码头，这个邮件很贵重，是一个古董，上司反复叮嘱他们要小心。

没想到，送货车开到半路却坏了。

戴维说："怎么办？你出门之前怎么不把车检查一下，如果不按照规定时间送到，我们要被扣奖金的。"

约翰说："我的力气大，我来背吧，距离码头也没有多远了。而且这条路上的车特别少，等车修好了，船就开走了。"

"那好，你背吧，你比我强壮。"戴维说。

约翰背起邮件，一路小跑，终于按照规定的时间赶到了码头。这时，戴维说："我来背吧，你去叫货主。"他心里暗想，如果客户能把这件事情告诉老板，说不定还会给我加薪呢。他只顾想，当约翰把邮件递给他的时候，他却没接住，邮包掉在地上，"哗啦"一声，古董碎了。

"你是怎么搞的，我没接，你就放手。"戴维大喊，"你明明伸出手了，我递给你，是你没接住。"约翰辩解道。

约翰和戴维都知道，古董打碎了意味着什么。没了工作不说，可能还要背上沉重的债务。

果然，老板对他俩进行了严厉的批评。

"老板，不是我的错，是约翰不小心弄坏的。"戴维趁着约翰不注意，偷偷来到老板的办公室，对老板说。老板平静地说："谢谢你，戴维，我知道了。"

随后，老板把约翰叫到了办公室："约翰，到底怎么回事？"约翰就把事情的原委告诉了老板，最后约翰说："这件事情是我们的失职，我愿意承担责任。另外，戴维的家境不太好，如果可能的话，他的责任我也来承担。我一定会弥补上我们的损失的。"

约翰和戴维一直等待处理的结果，但是结果很出乎他们俩的意料。

老板把约翰和戴维叫到了办公室，老板对他俩说："公司一直对你们俩很器重，想从你们俩当中选择一个人担任客户部经理，没想到却出了这样一件事情，不过也好，这会让我们更清楚哪一个人是合适的人选。"

戴维暗想："一定是我了。"

"我们决定请约翰担任公司的客户部经理，因为，一个勇于承担责任的人是值得信任的。约翰，用你赚的钱来偿还客户。戴维，你自己想办法偿还客户，对了，你明天不用上班了。"

"老板，为什么？"戴维问。

"其实，古董的主人已经看见了你俩在递接古董时的动作，他跟我说了他看见的事实。还有，我也看到了问题出现后你们俩的反应。"老板最后说。

4. 不为错误找借口

常言道："智者千虑，必有一失。"一个人再聪明、再能干，也总有犯错误的时候。

通常人犯了错误会有两种态度：一种是拒不认错；另一种是坦诚地承认错误并勇于改正，并找到解决的途径。

在工作中，我们经常听到这样或那样的借口，它们听起来似乎合情合理。例如：上班迟到了，会有“手表停了”“闹钟没响”“起得晚了”“路上塞车”“今天家里事情太多”等借口；业务拓展不开，工作业绩不佳，会有“制度太死”“市场竞争太激烈”“行业萧条”“我已经尽力了”“还有比我做得更差的呢”等借口。可以说，寻找借口是世界上最容易办到的事情之一，只要你心存逃避的想法，就总能找出足够多的借口。

每个人都有犯错误的可能，关键在于你认错的态度。只要你坦率地承认错误，并努力想办法补救，你仍然可以立于不败之地。

（三）大学生的责任意识培养

责任感不是与生俱来的，它是后天养成的。大学生如果在求学阶段就注重培养责任意识，则会有效地增强职业素养，为今后职业生涯发展打下良好基础。责任意识培养可以从以下几方面着手。

1. 明确自己的责任

大学生应当认清自己在不同时间、不同环境下的社会角色及其职责。

大学的责任是培养社会需要的德才兼备的人才，大学生的责任就是要使自己成为社会需要的德才兼备的人才。为此，要完善自我认知，养成良好的个性与习惯，促进自我成长，建立科学的价值观和职业理想，担负起社会的重任和期望，坚定报效祖国、造福人民的信念；提高学习能力，增强学习知识技能，提升专业能力；参加集体活动，为社会服务，培养社会责任感；锻炼沟通能力，建立和谐的人际关系。这些责任是沉重而光荣的。

大学生责任的履行，有赖于个人的自我探索、自我管理和自我规划。

（1）要探索自己的价值观、人格、兴趣和能力，不断完善自己的人格，明确自己的爱好、优势和目标。

（2）要面对离开父母独立生活的现实，管理好自己的大学生活，管理好时间、情绪、压力和健康，使自己在大学期间高效地增长才干，努力做到“不因虚度年华而悔恨，也不因碌碌无为而羞愧”。

（3）从入学开始，就要规划自己的生活，包括学习安排、身心健康、职业生涯、职业素养提升等，为实现自己的职业目标做好充分的准备。

2. 从小事做起

大学生要养成良好的责任感，为一生的发展打下坚实的基础，就必须从身边的小事做起；认真对待生活、学习中的诸多小事，不要敷衍马虎。

古人云：“合抱之木，生于毫末；九层之台，起于累土；千里之行，始于足下。”大事是由许许多多的小事积累而成的，强烈的责任心也是由对许多点滴小事一贯负责而积累形成的。

“勿以善小而不为”，不迟到，不早退，专心听好每一堂课，如海绵吸水般地求知进取，经常打扫宿舍，护送病友去医院，参加公益活动，奉献一次爱心……这些不起眼的小小善举，会逐步巩固一个人的上进心、善心、爱心和责任心。随着数量的增多，量变产生质变，就会在心理上形成强烈的责任感。

“勿以恶小而为之”，践踏草坪，随地抛纸屑，看到水龙头滴流而不去关紧，忘了自己对别人的承诺，忘了参加预定的集体活动，自己在夜晚最后离开教室而没有关灯……这些很容易发生的小事，正是没有意识到个人对环境卫生、爱护公物、诚实守信、节约水电等公共道德应尽的责任。

我们每做一件事，就是在尽某种责任。能够对很多小事负责，才能逐渐培养对工作的责任心，也才能在未来担当大事，肩负大责任。

3. 学会自我管理

责任心首先体现在对自己负责，这就要求大学生学会管理或控制自己。

1）管理自己的时间

时间是宝贵的，青春年华尤为宝贵，浪费时间就等于浪费生命。大学生一定要充分利用好每天的时间：学习多长时间，休息多长时间，以及参与文体活动多少时间等，都要有具体限定，不可放任自流。

2）制定自己的目标

大学生做任何事都应讲求效果。要记住自己制定的长期目标和短期目标，要从量化的具体小目标做起，一定要杜绝那种时间到了而任务却未完成的无效或低效活动。

3）控制自己的承诺

诚信是做人的重要准则。大学生做事，一定要“言必行，行必果”。古语所说的“君子一言，驷马难追”，应当成为我们的座右铭。

控制自己的嘴，不要说那些企图逃避承担责任的话。例如：“这不关我的事。”“这是没办法的事。”“没有人对我说过。”“很多人都是这样。”“你不要小题大做。”“我是初次，没有经验。”“我是好心，想帮助他，没想到……”“又没有人知道，害怕什么。”

不要随便许诺，更不要为自己没有信守诺言而寻找借口，推卸责任。一旦对人有所许诺，就要不折不扣地去兑现。

4）控制自己的忧虑

在漫漫的人生路途中，人人都会有不能实现个人愿望，甚至遭受挫折的时候。例如：考试不及格，经济吃紧，疾病困扰，恋爱难成，人际关系失谐。这时，一定要控制自己的忧虑，不要泄气，要振作精神，以积极的心态谋求解决途径，开创新局面。“不要为打

翻的牛奶而哭泣”，要不屈不挠，追求新的目标。正如泰戈尔的诗句所言，“如果你错过了太阳时流了泪，那么你也要错过群星了。”

5）管理自己的交友

“近朱者赤，近墨者黑”，朋友之间的互相影响是很大的。一群朝气蓬勃、乐观向上的年轻朋友，互相勉励，共同奔向光明前程，相互之间存在着积极的影响。他们的莫逆之交贯穿终生。

人们虽然无法选择一同学习或一同工作的人，但却可以选择自己乐意长久相处的朋友。管理自己的交友，争取与对自己各方面发展能产生积极影响的朋友相处。

第三节 职业化的核心——质量意识

案例

买土豆的故事

爱若和布若差不多同时受雇于一家超级市场，都从最底层干起。一段时间后，爱若受到总经理青睐，一再被提升，从领班直到部门经理；布若却一直在原来的岗位上。

每天看到爱若指挥若定的时候，布若就有一肚子的气。终于有一天，布若忍无可忍，向总经理提出辞呈，并痛斥总经理用人不公。

总经理耐心听着布若的指责，他了解布若：小伙子身体棒，肯吃苦，但缺少了点主心骨。当布若怒气冲冲地泄完气之后，总经理有了主意。

“布若先生，”总经理说，“请您马上到集市上去，看看今天有什么卖的。”布若很快从集市回来说，刚才集市上只有一个农民拉了车土豆在卖。

“一车大约有多少袋，多少斤？”总经理问。布若又跑去，回来说有10袋。“价格多少？”布若再次跑到集市上。

到最后，总经理望着跑得气喘吁吁的布若，请他休息一会儿，说：“你可以看看爱若是怎么做的。”总经理请人把爱若叫来，请他马上到集市上去，看看今天有什么卖的。

爱若很快从集市回来了，汇报说：“到现在为止只有一个农民在卖土豆，有10袋，价格适中，质量很好。”他带回几个让经理看。爱若还报告说：“这个农民过一会儿就弄几筐西红柿上市，价格都还公道。我想西红柿是新上市的，价格适当，饭堂可以进些货，所以我不仅带回了几个西红柿做样品，而且还把那个农民也带来了，他现在正在外面等回话呢。”

布若坐在旁边，听得面红耳赤。

如果把总经理分配的工作看成客户对产品的要求，把布若和爱若完成的工作看作是各自生产的产品，你能评价一下产品质量吗？

一、认识质量意识

质量意识是一个企业从领导决策层到每一个员工对质量和质量工作的认识与理解。质量意识对质量行为起着极其重要的影响和制约作用。在我国现阶段的市场经济条件下，企业竞争的焦点是产品和服务的质量。企业要生存、求发展必须以产品和服务的质量为基石，精益求精、讲究质量也是对从业人员恪守职业道德的起码要求。

二、增强质量意识

质量是企业发展的根基，是企业的生命和未来。精益求精、讲究质量也是从业人员恪守职业道德的起码要求。任何产品都是由具体的从业人员经过若干道工序生产出来的，任何服务也是由从业人员来完成的，这些从业人员能否精益求精、注重质量，直接关系到企业的产品质量和消费者的切身利益。我们熟悉的同仁堂正是以精益求精的高质量铺就了辉煌的发展之路。

案例

北京同仁堂是全国中药行业著名的老字号企业，创建于1669年（清康熙八年）。自1723年开始供奉御药，历经八代皇帝共188年。在300多年的风雨历程中，历代同仁堂人始终把养生、奉献社会作为企业崇高的责任，恪守“炮制虽繁必不敢省人工，品味虽贵必不敢减物力”的古训，树立“修合无人见，存心有天知”的自律意识，产品以“配方独特、选料上乘、工艺精湛、疗效显著”而享誉海内外。同仁堂集团坚持以中医中药为主攻方向，目前在经营格局上形成了以制药工业为核心，以健康养生、医疗养老、商业零售、国际药业为支撑的五大板块，构建了集种植(养殖)、制造、销售、医疗、康养、研发于一体的大健康产业链条。以同仁堂国药集团在香港建立生产基地为标志，实现了从“北京的同仁堂”“中国的同仁堂”向“世界的同仁堂”的跨越，目前已经在五大洲28个国家和地区设立经营服务终端，加快了中医药国际化的步伐。

（一）提升质量先强意识

质量并不是一个简单的指标，它是一种精神。现代管理学认为，一个经济生命体的生存需要企业有名气，组织有士气，员工个人有志气。这“三气”凝聚成一种精神——质量精神。“名气”是要以质量为保证的；“士气”是要以质量为诱因和结果的；“志气”

则是要拿出高质量的工作业绩来谋求发展的。质量形成的过程，不仅仅是一个物质加工生产的过程，更是一个文化、思想、意识凝聚的过程。

标准的质量意识是产生未来收益的资源基础，而质量意识的不足，必然导致货币利益的丧失。对员工来说，质量意识同时是一个人的价值观、素质、气质的投入和产出过程。市场如水，企业如舟，质量像舵，人是舵手，一个企业要想在市场竞争中乘风破浪，必须首先要有一个好舵，更要有好的舵手进行操控，保证企业之舟能够又快又稳地行驶。

每一个从业人员都应该站在消费者的角度换位思考。买回的酵母做出的馒头里吃出一根头发是什么滋味？我们也许会说："十万袋酵母里才有一袋里有一根头发，有什么大惊小怪的！"但是对公司来说是十万分之一，对于吃到头发的消费者来说，是100%。

案例

以色列的世界奇迹

以色列是一个土地贫瘠、资源贫乏的小国，1948年建国，早在2007年人均国民收入却已达2.45万美元。以色列的电子、仪表、航空等工业产品在国际上享有很高的声誉，成为发达国家军事工业和许多大公司的长期用户。其农业人口虽仅占全国人口的5%，人均年产值却为42万美元，达到发达国家水平，农产品不仅满足本国需要，还大量出口欧美。达到这样的发展水平，以色列依靠的就是人才的高质量意识。以色列工厂或农庄的劳动者都具有相当于高中毕业的学历，并经过职业培训方可上岗，在工作过程中对产品质量精益求精，标准严苛。正是这些注重质量意识的高素质的人才振兴了以色列。

（二）树立三全质量意识

全面质量管理、全员质量管理、全过程质量管理是20世纪80年代提出的质量管理概念，它是一种全方位的综合活动，已经得到广泛的认同。

1. 全面质量管理

从组织管理角度来看，全面质量管理的含义就是要求企业各个管理层次都有明确的质量管理活动内容。全企业的各个部门都对产品或服务质量负责，都参加质量管理，各部门之间相互协调，共同做好质量管理工作。

2. 全员质量管理

各部门、各个层次的员工都有明确的质量责任、任务和权限，做到各司其职。质量管理的核心是提高人的素质，调动人的积极性，人人做好本职工作，通过抓好工作质量来保证和提高产品质量或服务质量。

全员质量意识是一个企业的巨大经营资源，这是一种无形资产，它的珍贵程度超过企业的资金资源。

3. 全过程质量管理

对产品的研究、设计、生产（作业）、服务等全过程各个环节加以管理，形成一个综合性的质量体系，做到以预防为主、防检结合，不断改进，以达到用户满意。

（三）防止短视利益行为

短视利益的行为会摧毁一个企业。质量是保证企业健康存续发展的命脉，任何其他因素都无法取代它的重要性。

过去，日本企业的传统思想认为，提高质量必然导致成本上升、利润下降，所以在企业经营管理活动中重视成本而忽视质量。但是，随着质量管理的发展，这种思想发生了变化。日本企业的经营者开始认识到，产品质量提高了，就会减少废品，降低返修、调整、检查的成本，成本因此会大幅度降低；同时，产品质量提高了，能得到消费者的信赖，有利于扩大产品销路，稳固占领市场。所以，尽管提高质量会在短期内造成成本上升，利润减少，但从长远来看，它会提高企业声誉，给企业带来更多、更大的利润。正因为如此，现代日本企业在贯彻质量第一的经营思想过程中，特别强调克服短期行为，重视企业的长期发展。

案例

27 000 年才会遇上一次的计算错误

1994 年，英特尔公司刚刚推出其划时代产品——奔腾处理器。一个由专业技术人员组成的网上论坛发布了一个消息，说奔腾芯片在浮点运算上存在问题。对此，英特尔公司并不感到惊讶。因为他们早已知道，这个问题是在 90 亿次除法运算中才可能出现 1 次错误。这意味着什么呢？即使那些经常遇到浮点运算的用户，在使用该程序的每 27 000 年中才会遇上一次计算错误。这比芯片出现其他问题的概率要小得多。所以，起先英特尔根本没把这个问题当回事儿。没想到，这个纯技术问题被传到了用户那里，在媒体的推波助澜下，演变成了一场空前的危机。

开始，英特尔公司试图用科学数据说服用户，但用户根本不予理睬，反而对英特尔公司极度不满，人人都说英特尔公司贪得无厌、专横傲慢，连英特尔公司的普通员工都感受到空前的压力。这时，英特尔公司终于意识到，自身的生存环境发生了改变，游戏规则发生了改变，试图对抗很可能使英特尔公司的伟业毁于一旦。最后，英特尔公司不再做技术上的解释，而是决定为所有要求更换芯片的用户更换芯片，即使他一辈子也不会用计算机运算一次“除法”。为此，英特尔公司整整花费了 5 亿美元。

（四）缺陷产品等同废品

被誉为“全球质量管理大师”“零缺陷之父”“伟大的管理思想家”的菲利浦·克劳士比在20世纪60年代初提出了“零缺陷”思想。美国在1964年开始推行他的思想，并在美国推行零缺陷运动。后来零缺陷的思想传至日本，在日本制造业中得到全面推广，日本制造业的产品质量得到迅速提高，领先于世界水平，继而进一步扩大到工商业所有领域。

零缺陷管理的思想主张企业发挥人的主观能动性来进行经营管理，生产者、工作者要努力使自己的产品、业务没有缺点，并向着高质量标准目标奋斗。它要求生产工作者从一开始就本着严肃认真的态度把工作做得准确无误，在生产中从产品的质量、成本与消耗、交货期等方面的要求来合理安排，而不是依靠事后的检验来纠正。零缺陷强调预防系统控制和过程控制，第一次把事情做对并符合顾客的要求。

即使是万分之一的次品，对消费者来说也是百分之百的次品。消费者想要也应该得到完美的产品。传统的关于“没有完美”的辩解是不对的。对于许多产品和服务来说，即使是达到99.9%的完善程度也不够好。

案例

张瑞敏砸冰箱

1985年，张瑞敏刚到海尔（时称青岛电冰箱总厂）。一位朋友要买一台冰箱，结果挑了很多台都有毛病，最后勉强拉走一台。朋友走后，张瑞敏派人把库房里的400多台冰箱全部检查了一遍，发现共有76台存在各种各样的缺陷。

张瑞敏把职工们叫到车间，征求大家的看法。多数人提出，虽存有缺陷，但不影响使用，可以便宜点儿处理给职工算了。当时一台冰箱的价格是800多元，相当于一名职工两年的收入。张瑞敏说：“我要是允许把这76台冰箱卖了，就等于允许你们明天再生产760台这样的冰箱。”他宣布，这些冰箱要全部砸掉，谁干的谁来砸，并抡起大锤亲手砸了第一锤!很多职工在砸冰箱时流下了眼泪。

在接下来的一个多月里，张瑞敏发动和主持了一个又一个的会议，讨论的主题非常集中：“如何从我做起，提高产品质量。”最终，海尔人捧回了我国冰箱行业的第一块国家质量金奖。

（五）克服4种心理障碍

追求高质量必须克服以下4种心理障碍。

1. 雇佣心理

在长官意识严重、民主意识淡薄的企业里，员工容易对管理者产生“错觉定位”，形成一种旧式的人身、工作、质量和经济等各方面的依附。员工不能真正认识到工作对自己、企业及社会的价值所在，总有一种为人作嫁的感觉。

2. 惰性心理

人都是有惰性的，特别是在同一环境工作一段时间后，便适应了新的环境。如果环境没有大的改变，人就会变得机械和懒惰，表现为不注重专业技术的学习，质量观念淡薄，对企业和个人发展前途的信心不足。

3. 攀比心理

攀比不是竞争。竞争是以工作绩效来加以对比，攀比却是一种讲形式、重手段、轻绩效的畸形竞争心理。如果有了这种心理，很容易在工作中产生只比劳动报酬，不比工作质量、工作效率的现象。

4. 妒忌心理

人们由于某种欲望没有得到满足或缺乏使之得到满足的现实条件，就会产生妒忌心理。这种心理会导致企业出现内斗现象，员工之间明争暗斗、钩心斗角。把精力放在内耗上，势必影响工作质量。积极的化解方法是：把妒忌化为一种动力，把矛盾变为一种竞争，使工作质量成为竞争的标准。

第四节　职业化的信条——敬业

敬业是一个职业人员最重要的信条和品格之一。良好的敬业意识是从业人员的核心职业素养，是一个合格职业人的必备条件。一个敬业的人，无论从事多么了不起的工作，还是从事多么不起眼的工作，都会抱着认真、一丝不苟的态度，勤勤恳恳，任劳任怨，即使为此付出更多的代价也在所不惜。对于从业人员而言，是否具备敬业意识，不仅关系到个人是否能够履行岗位职责，而且直接关系到所在企业的工作能否顺利运行。

一、敬业意识的范畴

（一）敬业意识的内涵

敬业自古以来就是中华民族的传统美德。宋代理学家朱熹曰：“敬业者，专心致志，

以事其业也。”敬业，就是要用一种恭敬的态度对待自己的工作，是从业人员认真履行岗位职责，兢兢业业、一丝不苟地对待工作。敬业意识作为最基本的职业道德规范，是对人们工作态度的一种普遍要求。具备敬业意识就意味着人们能够对自己所从事的职业具有敬重的情感，并对事业专心致志，恪尽职守。

对于从业人员来说，要做到敬业，必须要热爱自己的工作岗位，热爱本职工作，即爱岗。爱岗能使人产生强大而持久的工作动力，积极主动地投入工作中，从而做到敬业。因此，爱岗是敬业的基础，敬业是爱岗的延伸。

（二）敬业意识的本质

敬业意识的本质是热爱本职，忠于职守。热爱本职就是要求每位从业人员，不论从事何种职业，都要尊重自己所从事的本职工作，勤勉努力、认认真真地完成各项工作任务；忠于职守就是在热爱本职工作的基础上，甘于奉献、恪尽职守、精益求精，把履行岗位职责视作高于一切的神圣使命，甚至在必要的情况下，能够忘我牺牲、以身殉职。

（三）敬业意识的 3 种境界

敬业是从业人员安身立命之本。任何人要想做出一番成绩，就必须尊重并全身心地投入工作中。敬业有 3 种境界，分别是乐业、勤业和精业。

1. 乐业

乐业是敬业的基础。《论语》有言：“知之者不如好之者，好之者不如乐之者。”可见，使人感兴趣的事物，往往能够产生强大的精神动力。乐业的人通常对工作具有浓厚而持久的职业兴趣，即使工作劳动强度大、负担重，仍然能够从内心感受到愉悦和充实。他们把工作视为一件快乐、享受的事，乐此不疲地忘我工作。

当前，在大学生求职时，提倡“爱一行干一行”的择业观念，就是鼓励他们要结合自己的职业兴趣确定定位，能够成为一个乐业者。

2. 勤业

勤业，即从业人员刻苦努力、勤勤恳恳地从事工作，积极主动地迎接挑战，顽强地克服重重困难和阻碍，坚持完成工作。古今中外，凡是成就一番事业的人，大多都具备顽强的毅力和勇气，勇于克服工作中的艰难险阻，最终取得了一般人难以企及的辉煌成就。俗话说得好：“台上一分钟，台下十年功。”这句话体现出辉煌成绩的背后往往是长期的坚持不懈、刻苦勤奋。

3. 精业

业精于勤而荒于嬉。也就是说，人们只要做到勤业，必然能够达到精通业务、成绩斐然的境界。当今社会是知识经济的时代，科技发展日新月异，新工艺、新技术层出不穷，客观上要求从业人员具有强大的创新能力。因此，大学生只有具备与时俱进的学习意识和能力，才能不断地吸收新知识和新技能，才能实现个人的持续发展。

二、敬业是一种基本的职业道德

1. 敬业是一种心态

敬业，就是干一行，爱一行。你工作的同时，也是你履行社会责任的过程；你出色的工作就是对社会的贡献。其实，快乐地工作也是在工作，痛苦地工作也是在工作，为什么不快乐地工作呢？要善于在工作中思考。人一旦思考，时间就会过得飞快，这样，想琐事的时间就少了，无聊就少了。同时，在思考中你会发现工作中不好的地方、制度中不合理的方面等，你会思考解决的方法，并付诸实践。久而久之，你就成了智者和实践者。这样你就越发有成就感，也就更加热爱自己的职业了。

2. 敬业是一种行为

敬业，就是不轻视工作中的每件事。无论事情大小，都要全身心地投入，满怀责任感地完成。肯德基在打入中国市场之初，公司先后派了两位代表来考察。第一位代表的创意只是停留在空谈上；第二位代表则是脚踏实地地走街访巷，发放调查问卷，做对比研究，坚定地以自己的行动来实现肯德基的中国梦想。第二位代表无疑给公司带来了财富，真正地体现了敬业。

现代职场的竞争日益激烈，企业对员工的评价和考核标准也日趋多元化。但是，几乎每一家优秀的企业都会强调员工的敬业精神。一个思想和行动上都体现敬业精神的员工，能够为企业带来巨大的财富；同样，员工因为敬业，所以被企业认同，赋予重任，从而能在更大的舞台上发挥自己的才能。

3. 敬业是一种基本的职业道德

敬业精神，作为现代职业人所应该具备的一种基本职业道德，是责任心在职业上的体现。现实中，很多年轻人并不是因为没有才华和能力找不到工作，而是因为缺乏敬业精神。

很多年轻人刚步入职场时都有这样的感觉：自己做事都是为了老板，为他人挣钱。所以，就有许多员工认为：反正给别人打工，能混就混，公司亏损也不用我去承担。平时做事情就满足于差不多，满足于交差；而不是一丝不苟，做到精益求精，做到尽善尽美。殊不知，缺乏敬业精神，不仅是对自己的一种不负责任，同时也是一种不道德的表现。

案例

比利时有一档著名的基督受难舞台剧，演员辛齐格是耶稣的扮演者，他几年如一日地在剧中扮演受难的耶稣，他高超的演技与忘我的境界常常让观众不觉得是在看演

出，就像是真的看到了台上再生的耶稣。

一天，一对远道而来的夫妇在演出结束之后来到后台，他们想见见扮演耶稣的演员辛齐格，并合影留念。合完影后，丈夫一回头看见了靠在旁边的巨大的木头十字架，这正是辛齐格在舞台上背负的那个道具。

丈夫一时兴起，对一旁的妻子说："你帮我照一张我背负十字架的相吧。"于是，他走过去想把十字架拿起来放到自己背上去，但他费尽了全力，十字架仍纹丝未动，这时他才发现，那个十字架根本不是道具，而是一个真正用橡木做成的沉重的十字架。

在使尽了全力之后，他不得不气喘吁吁地放弃了。他站起身，一边抹去额头的汗水，一边吃惊地问辛齐格："道具不是假的吗？你为什么要每天都背着这么重的东西演出呢？"辛齐格说："如果感觉不到十字架的重量，我就演不好这个角色。在舞台上扮演耶稣是我的职业，和道具没有关系。"

辛齐格的敬业精神让人震撼，同时我们也可以这样说：职场中没有道具，你要做好你的工作，就必须投入全部的敬业精神与激情。在工作中，做事做到位，负责负到底，将敬业精神作为一种基本的职业道德来对待，并且将敬业精神始终如一地坚持下去。

在那些具备敬业精神的职业人士心目中，再也没有比工作本身更能给他们带来满足与快乐的事了。美国石油大王洛克菲勒曾说过："除了工作，没有其他任何活动能提供如此高度的充实自我、表达自我的机会，也没有哪项活动能提供如此强烈的个人使命感和一种活着的理由。"

敬业的员工之所以受欢迎，不仅是因为他们能对企业负责，更重要的是，他们意识到了敬业是一种使命，是一种责任，是一种精神和职业道德。

三、培养敬业意识的意义

敬业是人们做好本职工作的前提，也是职业道德规范的基础。对于大学生而言，培养敬业意识的意义体现在以下 3 个方面。

（一）敬业意识是个人实现职业发展的保证

工作是人们赖以生存和发展的基础和保障，工作不仅提供了经济收入的来源，而且提供了人们自我实现的精神动力。"三百六十行，行行出状元。"如果人们热爱自己的工作岗位，热爱本职工作，就能够对自己的工作抱有满腔的热情，能够克服重重困难，竭尽全力地去完成工作。一般情况下，人们努力工作的回报，不仅有丰厚的经济报酬，还会有努力工作的愉悦感和满足感、个人价值的实现等精神层面的收获。敬业意识是从业人员实现自我价值的必要条件。工作岗位没有高低贵贱之分。干一行爱一行，爱一行钻一行。有很多人都在平凡的岗位上做出了不平凡的成绩，成就了不平凡的人生，就是源自对工作的尽职尽责、精益求精、锲而不舍。

（二）敬业意识是企业发展的根本保障

人才，是企业和社会发展最核心的要素。企业的正常运行，需要所有员工都能兢兢业业、恪尽职守地工作；企业的发展壮大，都需要大量具有敬业意识的员工。任何一个人的玩忽职守，都可能给企业带来不可估量的损失。当前，很多企业在招聘员工时，都把敬业意识作为最基本的用人原则。因为他们认识到，只要员工具备了敬业意识，那么他就能够时刻为企业的发展着想，就能够激发出积极向上的动力。即使专业技术暂时不够精湛，也会出于对工作的高度热情而迸发出勤奋学习、刻苦钻研的动力。

（三）敬业意识是培育社会主义职业道德的必由之路

敬业意识是社会主义职业道德最基本、最起码、最普通的要求。敬业的核心要求是严肃、认真、一心一意、精益求精、尽职尽责。我们倡导“以辛勤劳动为荣、以好逸恶劳为耻”的社会主义荣辱观，既是社会发展的客观需要，也是从业者立足社会、创造美好生活的自觉要求。实现中华民族伟大复兴的中国梦更需要每个人都在自己特定的岗位上，满怀强烈的责任心与使命感，勤奋敬业、拼搏奉献。

四、提升敬业意识的途径

具备敬业意识，担负主人翁的责任是每一位从业人员应该具备的职业素养，同时也是个体实现其社会价值的重要品质。因此，大学生在校学习期间，就要自觉提升敬业意识，具体可以从下列几个方面着手。

（一）树立职业理想，强化职业责任，遵守职业纪律，提高职业技能

1. 树立职业理想

职业理想贯穿于职业活动实践的始终，决定着从业者的基本劳动态度。树立正确的职业理想，不仅有助于正确地选择职业，明确职业发展方向，而且有助于学生在学习阶段，充分调动自身的积极性和主动性，最大限度地施展自身的才华，实现未来的职业生涯目标。大学生在树立职业理想时，要把个人志向、国家利益和社会需要有机地结合起来。

2. 强化职业责任

职业责任是指人们在一定职业活动中所承担的特定的职责，它包括人们应该做的工作和应该承担的义务。每一个从业人员，在本职工作岗位上都应该明确和认定自己的职业责任。充分发挥自身的潜力，增强职业责任的意识和能力。

3. 遵守职业纪律

自觉遵守职业纪律是履行岗位职责的前提条件。没有规矩，不成方圆，如果人们对职业纪律置之不理，就会出现有令不行、有章不循的现象，必然导致工作出现无序和混乱。因此，在工作中，只有人人自觉遵守工作的规章制度，照章办事，才能使各项工作井然有序，从而提高工作效率。

4. 提高职业技能

职业技能是大学生将来就业所需的技术和能力。职业技能不仅能在人们确立职业态度、明确职业理想的过程中起到积极作用，而且也是从业者实现职业理想的重要保障。大学生是否具备良好的职业技能是能否顺利就业的前提。大学生在校期间，不仅要习得一定的专业理论知识和技能，而且要能够达到某种岗位的技能要求，在就业市场上才有竞争力，也为尽快适应工作环境奠定基础。

（二）实现个人价值与集体发展的有机统一

当前，“90 后”“00”后大学生具有个性张扬、唯我独尊的鲜明群体特征。在工作中，他们思路敏捷、创新意识强烈，往往能够为企业的发展注入新鲜的活力。从企业发展的角度来看，员工在尊重个性、追求个人价值的同时，也要关注集体的利益，要站在企业整体利益的角度来处理问题。俗话说：“大河有水小河满，大河无水小河干。”企业的发展壮大，要依靠每个员工的辛勤奉献。这就要求从业人员要自觉投身到企业的工作中，把工作当成一项事业来热爱和完成。

（三）爱一行，钻一行

在现代社会里，职业分工虽然不同，但没有高低贵贱之分。因此，每个从业者都要对自己的职业和岗位保有热爱之情、钻研之志，只有这样才能从职场小白到行家里手，再到业界精英。

爱一行，就能做到身心投入到工作，哪怕是平凡枯燥的岗位也乐在其中；钻一行，就能善于观察，用心思考，哪怕是平淡无奇的工作也会创造奇迹。

因此，不能单单把工作看成一种谋生手段，要以积极向上的态度对待工作，以热爱之情钻研工作，在自己所从事的职业领域竭尽所能地把技术学懂、弄通、做透，通过职场这个舞台实现职业理想和人生价值。

（四）塑造精益求精的工作态度

工作上追求更加完美，好了还求更好。对自己的工作要深入钻研、精益求精。仅仅完成自己的分内工作是对从业者最基本的要求，敬业意识更重要的是要充分发挥主观能动性，积极主动地深入钻研业务，具有创新意识和能力，以求取得更好的工作效果。当前，很多企业普遍建立了优胜劣汰的工作制度，企业也具有选择员工的自主权。一般企业都倾向于选择踏踏实实、精益求精的员工；敷衍了事、缺乏敬业意识的求职者会越来越没有立足之地。

（五）养成良好的工作习惯

千里之行，始于足下。对自己的工作要做到尽职尽责、恪尽职守。作为一名合格的职业人士，在工作中，不管做什么事都要敬业，做大事如此，做小事也是如此。一个人不管为谁工作都要敬业，为自己工作如此，为他人工作也是如此。因此，在很多世界500强的公司中，一个合格员工的标准就是有效地把敬业变成一种习惯。如果将敬业变成一种习惯，那么员工就会拥有一流的工作能力。要想成为一名有作为的员工，就应该具备强烈的敬业精神，让敬业成为工作中的一种习惯，这样才能让自己成为一个堂堂正正的职业人士。

一、思考问题

1. 什么是职业化？
2. 什么是责任？责任意识应该怎样培养？
3. 增强职业质量意识的方法是什么？
4. 敬业的内涵是什么？有什么样的本质要求？

二、拓展实践

下面是一个关于责任心的小测试。

1. 跟别人约会时，你一般会准时赴约吗？________

A. 是　　B. 否

2. 你会未雨绸缪，进行储蓄吗？________

A. 是　　B. 否

3. 发现朋友犯法了，你会通知警察吗？________

A. 是　　B. 否

4. 你认为自己靠谱吗？________

A. 是　　B. 否

5. 你经常通过运动来保持健康吗？________

A. 是　　B. 否

6. 外出旅游时，如果找不到垃圾箱，你会把垃圾带回家吗？________

A. 是　　B. 否

7. 你拒绝吃垃圾食品、高脂肪含量食品或者其他有害健康的食物吗？________

A. 是 B. 否

8. 你永远把工作列在优先位置，做完后再去做其他休闲吗？________

A. 是 B. 否

9. 收到别人的信件或者信息，你总是会在一两天之内就回复吗？________

A. 是 B. 否

10. “既然已经决定做一件事情，那么就把它做好。”你相信这句话吗？________

A. 是 B. 否

11. 与别人相约，你从来不会耽误，哪怕生病时也不例外吗？________

A. 是 B. 否

12. 你曾经犯过法吗？________

A. 是 B. 否

13. 在求学时代，你经常拖延作业吗？________

A. 是 B. 否

14. 小时候，你经常帮忙做家务吗？________

A. 是 B. 否

测试计分说明：回答“是”获得 1 分；回答“否”不得分。

测试分数参考答案：

1. 得分为 2 分及以下：你是个完全不负责任的人。有些朋友的父母可能会对你抱有成见，力劝儿女少跟你来往。你总是一次次地逃避责任，以至于每份工作都干不长，手上的钱也总是不够用。

2. 得分为 3～9 分：在大多数情况下，你都很有责任感，只是偶尔有些率性而为，没有考虑得很周到。

3. 得分为 10～14 分：你是个非常有责任感的人，你行事谨慎，有礼貌，为人可靠，并且相当诚实。

参考文献

[1] 边明伟. 职业规划与人生管理[M]. 北京：中国水利水电出版社，2015.

[2] 陈捷. 大学生职业发展与就业指导[M]. 北京：清华大学出版社，2012.

[3] 陈桃源，朱晓蓉. 职场沟通与交流能力训练教程[M]. 北京：高等教育出版社. 2011.

[4] 程刚. 现代大学生的素质培养与能力提升[M]. 北京：高等教育出版社，2013.

[5] 杜耿，王静. 大学生职业发展规划实务[M]. 杭州：浙江大学出版社，2010.

[6] 黄炜. 大学生职业发展教程[M]. 北京：科学出版社，2011.

[7] 李家华. 生涯规划与管理[M]. 上海：上海交通大学出版社，2013.

[8] 理清. 大学生职业化能力[M]. 北京：中国物资出版社，2006.

[9] 穆学君，英宝有. 高职学生职业素质培养[M]. 北京：高等教育出版社，2009.

[10] 宁佳英. 大学生职业生涯规划[M]. 广州：华南理工大学出版社，2009.

[11] 王官成，苟建明. 大学生职业素质教育[M]. 北京：高等教育出版社，2015.

[12] 王玉斌，王云涛，朱立峰. 大学生职业发展与就业指导[M]. 郑州：郑州大学出版社，2018.

[13] 王悦. 向职场出发：大学生职业素质培训启蒙[M]. 北京：航空工业出版社，2013.

[14] 张淑华，郑久华. 大学生职业生涯规划实务[M]. 北京：中国社会科学出版社，2012.

[15] 赵慧娟. 大学生职业生涯规划[M]. 北京：北京大学出版社，2014.

[16] 庄明科，谢伟. 大学生职业素养提升[M]. 北京：高等教育出版社，2016.

[17] 朱洌烈，孔瑞芬，胡军生，等. 大学生求职测评手册[M]. 北京：中国城市出版社，2002.